essentials

Essentials liefern aktuelles Wissen in konzentrierter Form. Die Essenz dessen, worauf es als „State-of-the-Art" in der gegenwärtigen Fachdiskussion oder in der Praxis ankommt. Essentials informieren schnell, unkompliziert und verständlich

- als Einführung in ein aktuelles Thema aus Ihrem Fachgebiet
- als Einstieg in ein für Sie noch unbekanntes Themenfeld
- als Einblick, um zum Thema mitreden zu können.

Die Bücher in elektronischer und gedruckter Form bringen das Expertenwissen von Springer-Fachautoren kompakt zur Darstellung. Sie sind besonders für die Nutzung als eBook auf Tablet-PCs, eBook-Readern und Smartphones geeignet.

Essentials: Wissensbausteine aus Wirtschaft und Gesellschaft, Medizin, Psychologie und Gesundheitsberufen, Technik und Naturwissenschaften. Von renommierten Autoren der Verlagsmarken Springer Gabler, Springer VS, Springer Medizin, Springer Spektrum, Springer Vieweg und Springer Psychologie.

Siegfried Weischenberg · Dirk Kaesler

Max Weber, China und die Medien

Zwei Studien zum 150. Geburtstag des Soziologen

Siegfried Weischenberg
Hamburg, Deutschland

Dirk Kaesler
Marburg, Deutschland

ISSN 2197-6708
essentials
ISBN 978-3-658-07995-6
DOI 10.1007/978-3-658-07996-3

ISSN 2197-6716 (electronic)

ISBN 978-3-658-07996-3 (eBook)

Die Deutsche Nationalbibliothek verzeichnet diese Publikation in der Deutschen Nationalbibliografie; detaillierte bibliografische Daten sind im Internet über http://dnb.d-nb.de abrufbar.

Springer VS

Gedruckt auf säurefreiem und chlorfrei gebleichtem Papier

Springer Fachmedien Wiesbaden ist Teil der Fachverlagsgruppe Springer Science+Business Media (www.springer.com)

Vorwort

Max Weber, einer der wirkungsmächtigsten Denker des 20. Jahrhunderts, ist im Diskurs über die Gesellschaft, ihre Institutionen und die Spielräume der Menschen in der Moderne immer noch sehr präsent; seine Ideen, Begriffe und Formeln gehören zum ‚Kulturgut' (nicht nur) der Deutschen. Welche aktuellen Spuren er hinterlassen hat, wird hier an zwei markanten Beispielen untersucht: dem alten chinesischen Modell einer ‚Herrschaft der Literaten' und dem (gescheiterten) Projekt einer ‚Presse-Enquête', für das Weber 1910 universelle Fragestellungen und elaborierte methodische Instrumente bereitgestellt hatte. Die beiden Studien, die dem Religionssoziologen und dem Mediensoziologen gewidmet sind, gehen zurück auf Vorträge bei der Tagung „Max Weber und die Vermessung der Medienwelt", die im April 2014 aus Anlass seines 150. Geburtstags im Chinesischen Teehaus „Yu Garden" in Hamburg stattfand; sie wurden von den Verfassern für diese Publikation überarbeitet.

Inhaltsverzeichnis

Biografie, Bibliografie und Bibliometrie-Wissenschaftsforschung am Beispiel von Max Webers Mediensoziologie

1 Grenzen und Probleme der biografischen Methode

Weber-Forschung ist (historische) Wissenschaftsforschung. Die folgenden Bemerkungen zielen zunächst vor allem auf grundsätzlich-Methodisches. Es geht dabei um die Frage, wie man die Theorien und Themen, ja, die Entwicklung der Identität einer wissenschaftlichen Disziplin rekonstruieren und dekonstruieren kann. Oder, einfacher ausgedrückt: Wie man Fachgeschichte schreibt, und wie Bewertungen der Relevanz von Themen und der Reputation von Wissenschaftlern zustande kommen. Natürlich kann Wissenschaftsforschung entlang von Biografien der Protagonisten erfolgen – nach dem Muster „Great men [!] make history". Und tatsächlich mag auch einiges dafür sprechen, so vorzugehen. Zumal, wenn man, wie die Soziologie, einen so prägenden Akteur wie Max Weber vorweisen kann. Dass knapp ein Jahrzehnt nach der umstrittenen – einseitig den angeblichen ,Sexual-Neurotiker' porträtierenden – Weber-Biografie des Bielefelder Historikers Joachim Radkau (2005) zum 150. Geburtstag des Soziologen zwei weitere umfangreiche Werke zu seinem Leben und Wirken erschienen sind (Kaube 2014; Kaesler 2014), bedarf insofern keiner besonderen Rechtfertigung. Max Weber gibt – auch als Person – eine Menge her.

Sogar im Fall Weber ist in Hinblick auf die biografische Methode der Annäherung jedoch eine wichtige Einschränkung zu machen: Letztlich sollte es auch hier mehr um das Werk gehen als um die Person. Dirk Kaesler hat in diesem Zusammenhang seinerzeit – in seiner kritischen Rezension des Radkau'schen Buches – eine Reihe von grundsätzlichen Bemerkungen gemacht. Dieses Werk provoziere, postulierte er, „wieder einmal jene Fragen, die sich ganz allgemein dem Genre der Psychohistorie stellen lassen." Nun müsse man „selbst im deutschen Sprach-

© Springer Fachmedien Wiesbaden 2015
S. Weischenberg, D. Kaesler, *Max Weber, China und die Medien, essentials*,
DOI 10.1007/978-3-658-07996-3_1

raum" schon lange nicht mehr dem strengen Diktum folgen, wonach Gelehrte keine Biografie, sondern eine *Bibliografie* hätten. „Vorschnell wird", schrieb er, „die Biografie eines Wissenschaftlers immer noch verdächtigt, einen unredlichen Zugang zum wissenschaftlichen Werk, gewissermaßen ‚über die Hintertreppe‘, zu eröffnen", wobei durch die „zu detaillierte Darstellung der ‚privaten‘ Existenz eines Wissenschaftlers [...] nicht nur kein hilfreicher Weg zur wissenschaftlichen Auseinandersetzung mit dem Werk gebaut, sondern diese sogar erschwert" werde. Seit einigen Jahren gebe es nun aber eine Tendenz der Verdrängung ‚traditioneller Biografien‘ durch Veröffentlichungen, die nach dem ‚spektakelsüchtigen‘ Motto „Mythen werden Menschen" gestrickt seien. Darin würden durch ‚sensationslüsterne Annäherung‘ Fragen gestellt wie: „War Schubert homosexuell, litt Beethoven unter Syphilis, pflegte Emily Dickinson mit der Frau ihres Bruders ein lesbisches Verhältnis, zeugte Thomas Jefferson mit seiner schwarzen Sklavin mehrere Kinder?" Der Autor forderte deshalb: „Derjenige, der sich in einer seriösen Biografie sehr detailliert in die persönlichen – und zumeist recht banalen – Konstellationen des Intimlebens seiner Heldin oder seines Helden hineinbegibt, muss zeigen, dass diese Perspektive tatsächlich ein erhellendes Licht auf das Werk, um das es geht, wirft." (Kaesler 2006, S. 144)

Dies kann man generalisieren und die Forderung erheben, im Rahmen von Wissenschaftsforschung die Perspektive des Werkes in den Vordergrund zu rücken. Gerade in der Kommunikationswissenschaft wird hingegen traditionell und womöglich sogar mit zunehmender Tendenz der Akzent allzu sehr auf die Protagonisten und ihre persönlichen Merkmale gelegt (neuerdings sogar in Form einer Datenbank mit aktuellen Porträts von sehr lebendigen Kommunikationswissenschaftlern), so dass dahinter die wissenschaftlichen Erkenntnisse und deren Einordnung zu verschwinden drohen. Dieser ‚Personenkult‘ drückt sich auch darin aus, dass offenbar das (sehr persönliche) Interview zu einer dominierenden Methode der wissenschaftlichen Selbstbeobachtung geworden ist. So kann man aber in die Falle laufen, Informationen von begrenzter Validität und Reliabilität für die Realität (von Forschung und Lehre) zu halten. Diese Falle ist im Markt-affinen Journalismus, der die ‚persönliche Nähe‘ sucht, natürlich besonders weit offen. (Weischenberg 2014, S. 21 f.)

So überrascht auch nicht, dass es in den Würdigungen zu Webers 150. Geburtstag in den aktuellen Medien von Stanzen wimmelte, in denen der Mensch und seine (nicht unbeträchtlichen) Widersprüche ins Zentrum gerückt wurden. Dass rechtzeitig zum Fest Webers späte, sehr intime Briefe an Else Jaffé, die große Liebe seines Lebens, im Rahmen der Gesamtausgabe (MWG) publiziert wurden, beflügelte die Phantasie der biografischen Schnell-Schießer zusätzlich. Die *Zeit* z. B. brachte dazu unter der Überschrift „Die Wildkatze und das Schaf" eine Besprechung aus der Feder jenes Joachim Radkau (2012). Sie gehörten, so der sachkundige Autor, „zu den erregendsten Liebesbriefen, die von großen deutschen Geistern überliefert sind. Nicht unbedingt zu den erbaulichsten: Mehrere meiner weiblichen Bekannten schrien geradezu auf, als ich ihnen daraus vorlas."

Tagebuch-Schreiber Fritz J. Raddatz, einst Feuilleton-Chef des Blattes (und auch im Retiro ein Publizist unter Stress), der offenbar nur diese Rezension gelesen hatte, stützte darauf seine Vernichtung der Person (und bezog einen der prominentesten Verehrer Webers in die Philippika gleich mit ein). Die Briefe, notierte er unter „Kampen, Sylt, den 8. September [2012]" offenbarten „einen miesen kleinen Professor Unrat, einen um Züchtigung bittenden Masochisten, einen um Bisse, Kratzer und Peinigungen sonder [!] Art Flehenden (er, des Helmut Schmidt Idol…!)." Nachdem er ein weiteres Mal Auskunft über die eigenen sexuellen Obsessionen gegeben hat, resümiert Raddatz: „Max Weber also auf allen vieren um Hiebe bettelnd, die Beißwunden im Genick als Wohltat… Es tut mir leid: Aber nun mag ich den Mann noch weniger, als ich ihn eh und je mochte." (Raddatz 2014, S. 673 ff.) Der Zeit-Historiker Radkau (2012) hatte hier indessen einen ganz anderen Akzent gesetzt als nun der frühere *Zeit*-Journalist: „Dass die deutsche Situation nach 1918 nicht nur Wut und Verzweiflung erzeugen musste, sondern auch ganz andere Chancen enthielt – Chancen zu Liebe und innerer Befreiung –, dafür bietet Max Weber das beste Beispiel. Er gewinnt, wenn man sein Leben und Lieben mit seinen Schriften zusammen sieht. Und den Respekt eines Weber erwirbt man, indem man sich mit ihm herumschlägt […]."

2 Publikation, Zitation und Reputation

Die Wissenschaftsforschung sollte – statt einer ‚Biografisierung' nach solchem Muster – wohl einen anderen Weg der Annäherung zumindest in Erwägung ziehen: *Direkt* bei den Publikationen anzusetzen und auf die handelnden Personen nur hilfsweise zu rekurrieren. Oder: Von Werken und ihrer Relevanz zu den Personen und ihrer Reputation zu gelangen. Dieser Weg lässt sich mit dem terminus technicus ‚Bibliometrie' beschreiben. Dabei handelt es sich um eine vergleichsweise harte Methode. Um das unterschiedliche Vorgehen hier gleich am Beispiel von Max Weber zu demonstrieren: Die Weber-Literatur läuft über von idiosynkratischen Bewertungen seiner Person und ihrer Bedeutung. Zeitgenossen und Nachgeborene haben ihn als (letzten) Universalgelehrten bezeichnet, als „geborenen Herrscher", aber auch als Vermittler und Inspirator, als „unbestrittenen Klassiker der internationalen Soziologie", Meister der Rede, als Genie oder gar – wie einst Theodor Heuß in einem Brief an Konrad Adenauer – „als größte menschliche und wissenschaftliche Erscheinung der Deutschen nach der Jahrhundertwende" (Weischenberg 2012, S. 13; Weischenberg 2014, S. 10 ff.). Auf solch ‚weiche' Weise hat man früher eben (auch) die Bedeutung von Gelehrten beschrieben. So bildeten und verfestigten sich Images, die sich hielten – oder auch nicht. Inzwischen glaubt man, die Reputation von Wissenschaftlern und die Relevanz ihrer Werke mit Hilfe von ‚harten' Indikatoren bestimmen zu können. Diese ‚Vermessung' hat im Fall von Weber vor einigen Jahren zu dem Befund geführt, dass er in einem Ranking der Soziologen (zusammen mit oder noch vor Durkheim) an der Spitze liegt, weil seine Werke weltweit am häufigsten zitiert würden – weit häufiger als die von Gesellschaftstheoretikern wie Parsons, Giddens oder Merton sowie Foucault oder Habermas. (Weischenberg 2012, S. 12) Solche Bibliometrie, in deren Zentrum Zitationsanalysen stehen, operationalisiert ‚wissenschaftliche Relevanz' als *Aufmerksamkeit*, die Werke finden und die als Inspiration für weitere Forschung dienen und – zumindest in the long run – die Identität von wissenschaftlichen Disziplinen definieren können. Diese Aufmerksamkeit, so lautet die Botschaft, bildet auch die Grundlage für die Reputation von Wissenschaftlern.

Niklas Luhmann hat das Reputationsstreben in der Wissenschaft auf seine typische Weise ironisiert und als Mittel zur Reduzierung von Komplexität im Wissenschaftssystem identifiziert. Reputation erfordere „ein Konzentrieren von Aufmerksamkeit und eine Auswahl dessen, was mit hoher Wahrscheinlichkeit mehr Beachtung verdient als anderes." Sie werde „an Eigennamen verliehen, also an semantische Artefakte mit eindeutiger, rigider Referenz." Die Namen selbst hätten „eben wegen dieser Rigidität" aber „keine eigene wissenschaftliche Bedeutung." Diesen kryptisch wirkenden Satz erläutert Luhmann dann so: Von den Namen „geht […] (solange sie nicht komisch sind oder unaussprechbar) kein semantisches Rauschen aus, das die Reputation beeinflussen könnte. Sie stehen gleichsam orthogonal zur Skala wissenschaftlicher Relevanz." Der Soziologe gibt dann die folgende sozusagen strategische Empfehlung für das ‚Reputations-Management': „Bei aller taktischen Rationalität des Strebens nach Reputation und des Förderns bzw. Blockierens: die Plausibilität von Reputation hängt davon ab, dass die ‚Hand' unsichtbar bleibt, die sie verteilt." (Luhmann 1990, S. 245 f.)

Über die Relevanz von Namen stellt Luhmann dann auch den Zusammenhang zwischen Reputation, Publizieren und Zitieren her. Zahlreiche Einrichtungen des Wissenschaftssystems, heißt es da zunächst, dienten „nahezu exklusiv dem Prozessieren von Reputation. Das ist rasch zu erkennen, wenn man auf die Bedeutung von ‚Namen' achtet." Und weiter: „Publikationen werden mit Namen versehen, Zitieren anderer gehört zu einer inoffiziellen Teilnahmepflicht, und Bücher enthalten neben Sachverzeichnissen sehr oft Namensverzeichnisse, so dass jeder rasch finden kann, was über ihn oder über andere gesagt ist, ohne das Buch lesen zu müssen." (Luhmann 1990, S. 247) Seine Bücher enthielten Sachregister, die von

Habermas hingegen Personenregister, hat er bei anderer Gelegenheit hintergründig hinzugefügt.

Die bibliometrische Methode, welche sich an die Sachen und Themen hält, soll hier nun keineswegs als der ‚Königsweg' der Fachgeschichtsschreibung ausgelobt werden. Auch diese Methode wirft Probleme auf, die schon beim Begriff selbst anfangen, der sozusagen unterschiedliche Härtegrade aufweist: Das Definitions-Spektrum reicht hier von eher einfachen Beschreibungen von (wissenschaftlicher) Literatur bis zu elaborierten Formen einer Vermessung der Inhalte von Publikationen mit Hilfe statistischer Verfahren. (Weischenberg 2014, S. 175 f.) Wir haben uns bei unseren fachgeschichtlichen Studien vorwiegend auf diese Methode gestützt, um *allgemein* die jüngere Theorie- und Fachgeschichte der Kommunikationswissenschaft und *speziell* die Spuren zu analysieren, welche Max Weber insbesondere in der Journalismusforschung hinterlassen hat. (Potthoff und Kopp 2013; Potthoff und Weischenberg 2014a; Potthoff und Weischenberg 2014b)

Wenn man *empirische* Forschung als ‚Vermessung' begreift, ging es bei der Nutzung der Bibliometrie hier sozusagen um die ‚Vermessung der Vermessung', also die ‚Vermessung zweiter Ordnung'. Im Zentrum stand das, was als Kern der bibliometrischen Methode betrachtet wird: die Sammlung und Auswertung von Zitationen. Dazu wurden rund 40.000 Zitationen aus 41 Jahrgängen der beiden führenden kommunikationswissenschaftlichen Zeitschriften erfasst und analysiert; dies bildete die Datenbasis. Derartige Zitationsanalysen sind nun in der Tat so etwas wie ein Königsweg der Wissenschaftsforschung geworden, und zwar bei der Bewertung von wissenschaftlicher Forschung und der Leistung von Wissenschaftlerinnen und Wissenschaftlern. Dieser Weg erscheint gleichermaßen problematisch wie unumkehrbar.

Bekanntestes Beispiel für die Institutionalisierung von Leistungsmessung mit Hilfe der Bibliometrie ist der – nicht unumstrittene – *Social Sciences Citation Index* (SSCI), der inzwischen auch in Deutschland bei Berufungsentscheidungen als Hilfsmittel eingesetzt wird. Brosius und Haas (2009, S. 170) z. B. stehen dieser Art von Leistungsmessung aufgeschlossen gegenüber: „‚Publish or perish' galt jahrelang als Motto erfolgreicher Wissenschaftlerkarrieren, doch selbst das reicht im Fächervergleich oft nicht mehr. Hochkarätige Publikationen sind zwar eine Voraussetzung, doch kein Garant des Erfolgs. Wahrgenommen, d. h. zitiert zu werden, ist das entscheidende Kriterium […]." Auch für Werner Früh (2008, S. 14) sind Zitationen wissenschaftlicher Qualitätsmaßstab. Ob eigene Leistungen wahrgenommen würden, sollte sich seiner Auffassung nach daran zeigen, wie oft sie zitiert werden: „Denn in einem zweckrationalen und effizienten Wissenschaftsprozess müssten gute Leistungen häufiger wahrgenommen werden als weniger gute."

Eine solche Instrumentalisierung von „Bibliometrie in der Forschungsbewertung" (Marx 2011) wird jedoch auch kritisch hinterfragt. Wenn der ‚Produktivität' von Personen und Institutionen mittlerweile immer mehr Beachtung geschenkt werde, sollte man, so lautet die Empfehlung, besonders sensibel sein für die methodischen Grenzen einer Leistungsbeurteilung, die sich auf solche Verfahren stützt. Im Fall von Zitationsanalysen ist vor allem zu bedenken, dass hier dysfunktionale Einflüsse von ‚Zitierkulturen', ‚Zitiernetzwerken' oder sogar ‚Zitierkartellen' eine besondere Rolle spielen können (Tankardt et al. 1984; Chang und Tai 2005) und darüber hinaus bei bestimmten Autoren das Faible für Selbstzitate in Rechnung zu stellen ist. Hinzu kommt das, was Robert King Merton (1985 [1973], S. 155), berühmt geworden durch seine prägnanten wissenschaftssoziologischen Formeln („self-fulfilling prophecy"), in Anlehnung an das einschlägige Evangelium („Denn wer da hat, dem wird gegeben…") als „Matthäus-Effekt" bezeichnet hat. Sein Merkmal sei, dass es (auch) im Bereich Wissenschaft so etwas wie einen ‚Promi-Bonus' gebe: Hoch angesehenen Forschern würden für ihre Publikationen „unverhältnismäßig große Anerkennungsbeiträge zufallen, während solche Anerkennung Wissenschaftlern, die sich noch keinen Namen gemacht haben, vorenthalten wird."

Der Soziologe vermutete seinerzeit (wie wir inzwischen wissen: zu Recht), dass angesichts der weiter deutlich ansteigenden Zahl von Publikationen dem ‚Matthäus-Effekt' eine immer wichtiger werdende Funktion für das wissenschaftliche Kommunikationssystem zufallen könne – insbesondere eben in Hinblick auf die Zitierhäufigkeit. Denn naheliegender Weise halte man sich bei der Selektion an die Reputation des Autors, um so angesichts der Informationsflut auf dem Laufenden zu bleiben. Unbekannt ist schließlich, inwieweit Reviewverfahren, die inzwischen auch in Deutschland üblicherweise dem Abdruck von Zeitschriftenaufsätzen vorgeschaltet sind, zumindest latent auch Einfluss auf die Zitationshäufigkeit haben können, ob sich also „Publishing as prostitution?" (Frey 2007) auch darauf auswirkt. Die ganze wissenschaftliche Publikationspraxis ist zuletzt auch von namhaften Forschern (darunter verschiedene Nobelpreisträger) zur Disposition gestellt worden. Sie sprechen sogar von einer ‚Tyrannei' der führenden Fachzeitschriften, die dazu führe, dass viel zu viel Unwichtiges produziert und publiziert werde; und sie kritisieren in diesem Zusammenhang auch das System des sogenannten Impact Factors, der die Qualität eines Journals anhand der Zahl daraus zitierter Veröffentlichungen misst. (Kuhrt 2014)

3 Bibliometrie in der Kommunikationswissenschaft

Der häufige Rekurs auf Werke und ihre Autoren ist in der Tat keineswegs gleichzusetzen mit *Qualität*. Zunächst geht es dabei um Aufmerksamkeit – und die kann man auch in der Wissenschaft im Prinzip eher dadurch erzielen, dass man steile Thesen formuliert und dem Affen Zucker gibt. Leute, an denen man sich reiben kann, werden wahrscheinlich häufiger zitiert als ‚seriöse Langweiler'. Dass z. B. Elisabeth Noelle-Neumann und ihr Schüler Matthias Kepplinger die Spitzenplätze im kommunikationswissenschaftlichen Zitationsranking der letzten vier Jahrzehnte belegen, lässt sich auch dadurch erklären. Trotz all dieser gravierenden Einwände und Einschränkungen wird aber nach Ansicht von Beobachtern der Wissenschaftsszene die Zahl der Zitierungen immer mehr als Maß für das ‚Gewicht' in der wissenschaftlichen Gemeinschaft gewertet. Zumindest in Hinblick auf die Werke selbst – so zeigen auch unsere Analysen – erhält man mit Hilfe bibliometrischer Verfahren auf jeden Fall wichtige Hinweise auf das, was im Fach als ‚Klassiker' gilt und als Quelle besonders einflussreich ist. Diesen Status haben in der Kommunikationswissenschaft Publikationen wie „Die Konstruktion von Realität in den Nachrichtemedien" (Schulz 1976) oder „Psychologie der Massenkommunikation" (Maletzke 1963), und dies wird durch die Spitzenplätze im Zitationsranking auch deutlich belegt. (Potthoff und Kopp 2013)

Solche detaillierten Nachweise zur Zitationshäufigkeit von Werken und ihren Urhebern (in bestimmten Zeitabschnitten) gehören inzwischen auch in der Kommunikationswissenschaft zu den Erträgen bibliometrischer Forschung. (Weischenberg 2014, S. 163 ff.) Wir haben mit Hilfe des Verfahrens des Weiteren zumindest annäherungsweise ermitteln können, welche Themen zu bestimmten Zeiten im Fokus des wissenschaftlichen Diskurses standen und mit Hilfe welcher Theorien und Methoden sie bearbeitet wurden. Speziell für zwei Zeiträume ließ sich bestimmen, durch welche Quellen sich das Fach jeweils inspirieren ließ und wie Wandlungen der Fachidentität zustande kamen. Bei den Forschungsgegenständen dominierte im Lichte der Zitationen der *Journalismus*; er steht nach wie vor im Zentrum des kommunikationswissenschaftlichen Interesses. Und beim theoretischen Zugriff lag die *Systemtheorie* deutlich vorne. Schließlich: Englischsprachige Quellen haben in der letzten Zeit als Referenz erheblich an Bedeutung gewonnen. (Potthoff und Weischenberg 2014a, 2014b)

Insgesamt zeigte sich, dass sich die Aufmerksamkeit der scientific community nur auf relativ wenige Werke (max. 10 % der 40.000 zitierten) und Personen konzentriert. Wie andere wissenschaftliche Fächer produziert auch die Kommunikationswissenschaft relativ wenige ‚giants' und eine große Masse von ‚pygmies'. (Potthoff und Kopp 2013) Die Folge ist, dass sich die nachfolgende Forschung – wieder mit Robert King Merton (1983 [1965]) ‚auf die Schultern von Riesen' und ihre Werke stützt. Unter den 50 Meistzitierten befindet sich übrigens nur eine Frau – eben Noelle-Neumann: Great men refer to great men!

Was nun den ‚Riesen Weber' angeht, so haben wir in einer speziellen Studie versucht, Ausmaß und Inhalt von Rekursen auf sein Werk als Basis für eine Fachgeschichte der Journalismusforschung zu nutzen. Auch hier standen am Anfang

Zitationsanalysen, die dann ergänzt wurden durch Suchwort-basierte Inhaltsanalysen und eher ‚verstehende' Auswertungen häufig zitierter Publikationen. Die Basis bildeten 400 Werke der Journalismusforschung, die digitalisiert wurden und somit unter das Mikroskop gelegt werden konnten; sie waren nach den Kriterien ‚Einschlägigkeit' und ‚Wichtigkeit' (i. S. von Zitationshäufigkeit) ausgewählt worden. (Weischenberg 2014, S. 179 ff.)

4   Max Webers Beiträge zur Journalismusforschung

Ausgangspunkt dieser Studie war Webers 1910 vorgelegter Entwurf für eine ‚Presse-Enquête', die sich seinerzeit – nicht zuletzt durch dessen eigene Schuld – nicht realisieren ließ. (Weischenberg 2012, S. 78 ff., 101 ff.) Zur Begründung der gesellschaftlichen Relevanz des Themas hatte er beim Ersten Deutschen Soziologentag 1910 in Frankfurt gesagt: „Denken Sie sich die Presse einmal fort, was dann das moderne Leben wäre, ohne diejenige Art der Publizität, die die Presse schafft." (Weber 1911, S. 43 f.) Diesen Satz hat die deutsche Soziologie irgendwie nie richtig ernst genommen.

Das Projekt hatte die Dimensionen eines ‚Sonderforschungsbereichs' zu Medien und Journalismus. Auch seine forschungsleitenden Qualitäten sind jahrzehntelang kaum erkannt wurden; es gehörte zu den ungehobenen Schätzen von Soziologie und Zeitungswissenschaft. Erst Anfang der 1980er Jahre hat Hartmut Hering an der Universität Münster eine spezielle fachgeschichtliche Untersuchung über ‚Max Weber und die Kommunikationswissenschaft' vorgelegt, die aber weitgehend unbekannt geblieben ist. Sie gehörte zu den überraschenden Entdeckungen unserer eigenen ‚Weber-Forschung'. (Hering 1982; Weischenberg 2014, 237 ff.) Auch unsere bibliometrische Studie hat dann gezeigt, dass es sich lohnt, hier noch einmal intensiver nachzukarten, um auf den Spuren Webers etwas zu versuchen, was man als Mischung aus ‚Kassensturz' und ‚Aufräumarbeiten' insbesondere zur Journalismusforschung bezeichnen könnte. Deutlich geworden ist dabei u. a. Folgendes (Weischenberg 2012, 2014):

- Für Max Weber waren die Massenmedien Teil des kapitalistischen Systems der okzidentalen Gesellschaft. An ihrem Beispiel glaubte er dessen Erscheinungsformen und Konsequenzen besonders gut analysieren zu können. Der Marktskeptiker hatte bereits genau erkannt, welche Gefahren Konzentrationsprozesse und Monopolbildungen für die gesellschaftliche Funktion der Medien bedeuten können. Dieser Impetus prägte ganz wesentlich den Entdeckungszusammenhang seines großen Projekts.

- Das Projekt bezog sich fast ausgewogen auf die vier Bereiche, welche Medien und Journalismus konstituieren: Mediensysteme, Medienstrukturen, Medienfunktionen und Medienakteure. Weber, der studierte Jurist, wollte in Hinblick auf die Systeme und die Strukturen vor allem durch internationale Vergleiche herausfinden, welche Merkmale sie aufweisen. Der Professor für Nationalökonomie wollte herausfinden, wie das Geschäft der Presse im Einzelnen funktioniert und formulierte insbesondere Fragen zu ihrem Doppelcharakter als Institution und Industrie. Und der Soziologe interessierte sich für Prozesse des Nachrichtenflusses und des Gatekeeping und insbesondere auch für die berufssoziologischen Dimensionen des Journalismus.
- Webers Fragestellungen sind zwar 100 Jahre alt, doch sie lassen sich als ‚universell' qualifizieren. Sie erfassen (ziemlich vollständig) das Universum von Problemen, die im ‚Jahrhundert des Journalismus' deutlich geworden und – mit einem beträchtlichen Timelag – bearbeitet worden sind. Einige Beispiele: Wer international vergleichende Kommunikationsforschung betreibt, verweist in der Regel auf Weber als Referenz. Und wer den Journalismus sozialwissenschaftlich (als redaktionelle Organisation) beobachtet, rekurriert stark auf Webers Herrschaftstypologie und -soziologie. In der Journalismus- und speziell der Redaktionsforschung hat insbesondere die von Weber analysierte Form bürokratischer Organisation als Ausdruck rationaler Herrschaft deutliche Spuren hinterlassen.

Insgesamt bestätigt unsere Spurenlese, was Thomas Birkner (2012, S. 24) in seiner Studie über die Geschichte des deutschen Journalismus zum Stand der Journalismusforschung postuliert hat: „Ihre große Stärke […] ist die empirische Forschung – zum Teil auf den Spuren von Max Weber." Max Weber hat dazu universelle Fragestellungen beigesteuert, welche die Zeit überdauert haben und – jedenfalls im Lichte unserer Befunde – das vorweggenommen haben, womit sich die Journalismusforschung in den vergangenen Jahrzehnten beschäftigt hat. Aktuell und perspektivisch wird der Journalismus von Faktoren bestimmt, die sich als Herausforderung im Prinzip nicht anders darstellen als vor 100 Jahren; sie betreffen insbesondere die Bedingungen berufsförmiger Arbeit und die professionellen Spielräume der Akteure. (Weischenberg 2014, S. 330 ff.)

Bezogen auf die journalistischen Rollen bedeutet die Digitalisierung des Journalismus jedoch vielfältigere Einschränkungen der – wie Weber sagen würde – *Bewegungsfreiheit*, so dass die Frage nach dem Erhalt der journalistischen Autonomie zum zentralen Thema für die Zukunft der Medienberichterstattung und ihrer Qualität geworden ist. Dabei spielt die Kommerzialisierung der Kommunikation die entscheidende Rolle; hier müssten mit ‚Weber'schem Blick' – also dem Blick des Analytikers der kapitalistischen Strukturen und ihres ‚Geistes' – vor allem die alles beherrschenden Global Player der ‚Social Media' ins Visier genommen werden. Ob es gelingt, sie nach Maßstäben gesellschaftlicher Verantwortung zu regulieren (und damit: zu zähmen), bedeutet die zentrale Herausforderung in diesem Jahrhundert, das gewiss nicht mehr das ‚Jahrhundert des Journalismus' sein wird.

Max Webers ‚Wirklichkeitswissenschaft' verlangte, zunächst mit kaltem Blick zu beobachten und in dieser Rolle weder weiter reichende Ansprüche zu stellen, noch gar besondere Erwartungen zu wecken. „Die wissenschaftliche Arbeit ist eingespannt in den Ablauf des *Fortschritts*", sagte er 1917 in seinem Vortrag „Wissenschaft als Beruf". (Weber 1991, S. 15; Hervorheb. im Orig.) Jeder Wissenschaftler wisse, „dass das, was er gearbeitet hat, in 10, 20, 50 Jahren veraltet ist." Das sei „das Schicksal, ja: das ist der *Sinn* der Arbeit der Wissenschaft, dem sie […] unterworfen und hingegeben ist: jede wissenschaftliche ‚Erfüllung' bedeutet neue ‚Fragen' und *will* ‚überboten' werden und veralten. Damit hat sich jeder abzufinden, der der Wissenschaft dienen will." Wissenschaftlich überholt zu werden sei „nicht nur unser aller Schicksal, sondern unser aller Zweck." Die immense Halbwertzeit seiner eigenen Erkenntnisse hätte Max Weber selbst wohl am meisten überrascht.

Literatur

Birkner, Thomas. 2012. *Das Selbstgespräch der Zeit. Die Geschichte des deutschen Journalismus 1605–1914*. Köln: Halem.

Brosius, Hans-Bernd, und Alexander Haas. 2009. Auf dem Weg zur Normalwissenschaft. Themen und Herkunft der Beiträge in Publizistik und Medien & Kommunikationswissenschaft. *Publizistik* 54 (2): 168–190.

Chang, Tsan-Kuo, und Zixue Tai. 2005. Mass communication research and the invisible college revisited. The changing landscape and emerging fronts in journalism-related studies. *Journalism & Mass Communication Quarterly* 82 (3): 672–694.

Frey, Bruno S. 2003. Publishing as prostitution?. Choosing between one's own ideas and academic success. *Public Choice* 116 (1–2): 205–233.

Früh, Werner. 2008. Kommunikationswissenschaftliche Theorien – Konzepte und Denkanstöße für eine intensivere fachspezifische Theorieentwicklung. In *Integrative Modelle in der Rezeptions- und Wirkungsforschung: Dynamische und transaktionale Perspektiven*, Hrsg. C. Wünsch et al., 13–27. München.

Hering, Hartmut. 1982. *Die Bedeutung Max Webers für die Theoriegeschichte und das Selbstverständnis der Publizistik- und Kommunikationswissenschaft*. M.A.-Arbeit: Univ. Münster.

Kaesler, Dirk. 2006. Natur, Nerven und Pollutionen. Joachim Radkau hat eine umfassende Biografie Max Webers verfasst und ist damit in Untiefen geraten. *Der Spiegel* (4) 143–144.

Kaesler, Dirk. 2014. *Max Weber. Preuße, Denker, Muttersohn. Eine Biographie*. München: C.H. Beck.

Kaube, Jürgen. 2014. *Max Weber. Ein Leben zwischen den Epochen.* 3. Aufl. Berlin: Rowohlt.

Kuhrt, Nicola. 2014. *Systemkritik: Wissenschaftselite beklagt zu viel Forschungsmüll.* Spiegel Online 8.1.2014. http://www.spiegel.de/wissenschaft/medizin/lancet-spezial-fuer-mehr-qualitaet-in-der-wissenschaft-a-942328.html. Zugegriffen: 10. Juni 2014.

Luhmann, Niklas. 1990. *Die Wissenschaft der Gesellschaft.* Frankfurt a. M.: Suhrkamp.

Maletzke Gerhard. 1963. *Psychologie der Massenkommunikation. Theorie und Systematik.* Hamburg: Hans-Bredow-Institut.

Marx, Werner. 2011. Bibliometrie in der Forschungsbewertung. Aussagekraft und Grenzen. *Forschung & Lehre* (11): 858–860.

Merton, Robert K. 1983 [1965]. Auf den Schultern von Riesen. Ein Leitfaden durch das Labyrinth der Gelehrsamkeit. Frankfurt a. M.: Suhrkamp.

Merton, Robert K. 1985 [1973]. *Entwicklung und Wandel von Forschungsinteressen. Aufsätze zur Wissenschaftssoziologie.* Frankfurt a. M.: Suhrkamp.

Potthoff, Matthias, und Siegfried Weischenberg. 2014a. Inspiration und Identität. Bibliometrische Befunde zur kommunikationswissenschaftlichen Fachgeschichte. *Medien & Kommunikationswissenschaft* 62 (2): 257–275.

Potthoff, Matthias und Siegfried, Weischenberg. 2014b. Fachliche Wandlungsprozesse in der deutschen Kommunikationswissenschaft. Ergebnisse einer zitationsanalytischen Spurensuche in den 1970er und 2000er Jahren. In *Von der Gutenberg-Galaxis zur Google-Galaxis. Alte und neue Grenzvermessungen nach 50 Jahren DGPuK,* Hrsg. Stark et al. Konstanz (im Druck).

Potthoff, Matthias, und Swenja Kopp. 2013. Die meistbeachteten Autoren und Werke der Kommunikationswissenschaft. Ergebnis einer Zitationsanalyse von Aufsätzen in Publizistik und Medien & Kommunikationswissenschaft (1970–2010). *Publizistik* 58 (4): 347–366.

Raddatz, Fritz. 2014. *Tagebücher. Jahre 2002–2012.* Reinbek bei Hamburg: Rowohlt.

Radkau, Joachim. 2005. *Max Weber. Die Leidenschaft des Denkens.* München: Hanser.

Radkau, Joachim. 2012. Die Wildkatze und das Schaf. „Bä! Bä!" Die späten Briefe Max Webers enthüllen das größte Geheimnis des großen Soziologen. Zeit Online, 16.8.2012. http://www.zeit.de/2012/33/Max-Weber-Briefe. Zugegriffen: 10. Juni 2014.

Schulz, Winfried. 1976. *Die Konstruktion von Realität in den Nachrichtenmedien.* Freiburg: Alber.

Tankard, James W. Jr., et al. 1984. Citation networks as indicators of journalism research activity. *Journalism Quarterly* 61 (1): 89–96, 124.

Weber, Max. 1911. *Geschäftsbericht, in: N. N.: Verhandlungen des Ersten Deutschen Soziologentages vom 19. bis 22. Oktober 1910 in Frankfurt a. M.,* Tübingen: 39–62.

Weber, Max. 1991 [(1919]. *Wissenschaft als Beruf.* 8. Aufl. Berlin: Duncker & Humblot.

Weischenberg, Siegfried. 2012. *Max Weber und die Entzauberung der Medienwelt. Theorien und Querelen – eine andere Fachgeschichte.* Wiesbaden: Springer VS.

Weischenberg, Siegfried. 2014. *Max Weber und die Vermessung der Medienwelt. Empirie und Ethik des Journalismus – eine Spurenlese.* Wiesbaden: Springer VS.

Der Traum von der Herrschaft der Literaten: Max Weber über China

Vermutlich im Jahr 1913– vor also 101 Jahren – beschließt der Heidelberger Privatgelehrte und entpflichtete Universitätsprofessor Dr. Max Weber sich mit China zu beschäftigen. Er tut dies aus einem ganz einfachen Grund: Es ist nicht das ferne Riesenreich im Orient, das diesen Wilhelminischen Gelehrten interessiert, es ist der Okzident, dessen Charakteristika er schärfer herausarbeiten möchte. So heißt es in einem Brief an den Historiker Georg von Below vom 21. Juni 1914: „das, was der mittelalterlichen Stadt **spezifisch** ist [...] ist doch nur durch die Feststellung: was **andern** Städten (antiken, chinesischen, islamischen) **fehlte**, zu entwickeln." (MWG II/8, S. 724)

Wohin begibt sich ein deutscher Professor jener Zeit, wenn er sich mit China befassen möchte? Nicht etwa, dass er das Dampfschiff besteigt, seinen Tropenhelm aufsetzt und vorher eine der Sprachen lernt, die die Menschen dort sprechen. Nein, er begibt sich „auf die Bibliothek", wie man zu jener Zeit sagte. Er setzt sich in den Lesesaal der Universitätsbibliothek der Ruprecht-Karls-Universität und lässt sich Bücher bringen um seine intellektuelle Reise in und durch das ferne Land zu beginnen.

Durch jenen Großen Krieg, der uns alle seit über einem Jahr medial zutiefst zu beschäftigen hat, unterbricht Max Weber seine Lektüre und erweist sich als alter aber kämpferischer Löwe, der Blut geleckt hat. Nachdem er die Uniform des Hauptmanns der Reserve im Oktober 1915 wieder ausgezogen hat, setzt er seine China-Studien fort, wird jedoch immer wieder unterbrochen. Erst im Frühsommer des Jahres 1918, als er für drei Monate an der Universität Wien lehrt, setzt er die systematische Lektüre fort, nun sehen wir ihn fast täglich im Lesesaal der dortigen Universitätsbibliothek, wo er sich in Literatur über die Religionssysteme Chinas vertieft. (Kaesler 2014b, Kapitel 11 und 12)

© Springer Fachmedien Wiesbaden 2015
S. Weischenberg, D. Kaesler, *Max Weber, China und die Medien*, essentials,
DOI 10.1007/978-3-658-07996-3_2

Ergebnis seiner Lektüre sind jene Texte, die wir heute als Teilstück seines Großunternehmens „Wirtschaftsethik der Weltreligionen" kennen. (Kaesler 2014a, S. 132–194) Bei den gedruckten Texten handelte es sich ursprünglich um Notate, die Max Weber während der Lektüre erstellte. Gerade diese belegen sowohl die besondere Begabung Max Webers, sehr umfangreiche Stoffmengen in sich aufzunehmen und zu synthetisieren, als auch die undisziplinierte Weise, in der er das tat, indem er völlig unfertige Exzerpte in voller Länge – und häufig genug ohne Quellenangabe – und ohne auf den Punkt seiner Argumentation zu kommen, als vorläufige Aufsätze im „Archiv für Sozialwissenschaft und Sozialpolitik" veröffentlichte. Sie zeigen zudem, wie häufig er seine Fragerichtung – nämlich die nach der Wirtschaftsethik der jeweiligen Weltreligion – vollkommen aus den Augen verlor.

Warum beschäftigte sich Max Weber so intensiv mit Religion, könnte man fragen. Max Weber war kein gläubiger Christ. Aber er hatte ein schlechtes Gewissen angesichts seines fehlenden Glaubens, nicht zuletzt beim Gedanken an seine Mutter, die ihm von Kindesbeinen an vorgelebt hatte, wie sich ein gläubiger Christ alltäglich am Wort Gottes ausrichtet. Ich meine jedoch, dass die Frage nach der Gläubigkeit Max Webers an der eigentlichen Fragestellung seiner Studien über die Wirtschaftsethik der Weltreligionen vorbeiführt. Es ging ihm nicht um Religion, es ging ihm nicht einmal um China, es ging ihm vor allem um die Frage, was den Okzident, das christliche Abendland so welteinmalig gemacht hat.

Wie konnte es kommen, so fragte er sich, dass „der Westen" alle anderen großen Zivilisationen „überholen" und zeitweise sogar dominieren konnte? Eine große Zahl von Wissenschaftlern stellt diese Frage bis in unsere Tage hinein. Schon darum sollte es von Interesse sein, zu welchen Antworten Max Weber gelangte.

In seiner „Einleitung" zu den „Gesammelten Aufsätzen zur Religionssoziologie", in deren erstem Band wir die China-Studien finden, definiert Weber ganz allgemein die begrifflichen Konzepte und die Forschungsabsicht seiner Untersuchungen und formuliert bereits einige ihrer vorläufigen Ergebnisse. Unter „Weltreligionen" versteht Weber „jene fünf religiösen oder religiös bedingten Systeme der Lebensreglementierung [...] welche besonders große Mengen von Bekennern um sich zu scharen gewußt haben: die konfuzianische, hinduistische, buddhistische, christliche, islamitische religiöse Ethik." (MWG I/19, S. 83) Als sechste erwähnt er das Judentum, für die Behandlung des Christentums verweist er auf seine Abhandlungen über die Protestantische Ethik, auf die er sich in den folgenden Passagen wiederholt bezieht. Unter „Wirtschaftsethik" versteht Weber nicht „die ethische Theorie theologischer Kompendien [...], sondern die in den psychologischen und pragmatischen Zusammenhängen der Religionen gegründeten **praktischen Antriebe zum Handeln.**" (MWG I/19, S. 85)

Um die Determinanten dieser so gefassten Wirtschaftsethik bestimmen zu können, wendet Weber sich der religiösen Bestimmtheit der Lebensführung jener sozialen Schichten zu, „welche die praktische Ethik der betreffenden Religion am stärksten bestimmend beeinflußt und ihr die charakteristischen [...] Züge aufgeprägt haben." Seine These dabei ist, „daß zwar für jede Religion der Wandel der sozial ausschlaggebenden Schichten tiefgreifende Bedeutung zu haben pflegte, daß aber andrerseits der einmal geprägte Typus einer Religion seinen Einfluß ziemlich weitgehend auch auf die Lebensführung sehr heterogener Schichten auszuüben pflegte." (MWG I/19, S. 86 ff.)

Weber orientiert sich am Kriterium der „Theodizee", d. h. der Wertung des Leidens in der jeweiligen religiösen Ethik und den eventuellen Wandlungen dieser Wertung, und unterscheidet eine „Theodizee des Glückes" von einer „Theodizee des Leidens". Insbesondere die „Erlösungsreligionen", wesentlich geprägt von der Letzteren, richteten sich in erster Linie nicht an die Glücklichen, Besitzenden und Herrschenden – welche eines Erlösers und Propheten nicht bedurften – , sondern an die Bedrückten oder die von Not Bedrohten. In dem darauf aufbauenden „Heilandsmythos" sieht Weber eine „rationale Weltbetrachtung" im Keim vorgebildet, d. h. eine „rationale Theodizee des Unglücks". Diese Idee erfuhr eine gewaltige Steigerung „durch das mit zunehmender Rationalität der Weltbetrachtung zunehmende Bedürfnis nach einem ethischen ‚Sinn' der Verteilung der Glücksgüter unter den Menschen." (MWG I/19, S. 94) Weber sieht bei den „Erlösungsreligionen" also ein grundlegendes Misstrauen gegen Reichtum und Macht, das zur Ausgangsposition einer rationalen religiösen Ethik wurde, die von den unteren sozialen Schichten ausging und auf deren „innere Lage" erhebliche Auswirkungen hatte.

Die Konzeption einer „Erlösung" war abhängig davon, „wovon" und „wozu" man „erlöst" sein wollte. Weber zählt die unterschiedlichsten Antworten darauf auf und fasst zusammen: „Stets steckte dahinter eine Stellungnahme zu etwas, was an der realen Welt als spezifisch ‚sinnlos' empfunden wurde und also die Forderung: daß das Weltgefüge in seiner Gesamtheit ein irgendwie sinnvoller ‚Kosmos' sei." (MWG I/19, S. 102) Welche der Möglichkeiten gesellschaftlich und historisch bedeutsam wurden, „das gerade ist es nun, was in zum mindesten sehr starkem Maße rein historisch und sozial bestimmt wurde durch die Eigenart, das heißt aber hier: die äußere, sozial, und die innere, psychologisch, bedingte **Interessenlage** derjenigen Schichten, welche Träger der betreffenden Lebensmethodik in der entscheidenden Zeit der Prägung derselben waren." (MWG I/19, S. 103)

Weber unterscheidet verschiedene solcher sozialen Träger voneinander: Beamte, Krieger, Bauern, Bürger, Intellektuelle. Dabei betont er: „wenn [...] die Art der erstrebten Heilsgüter stark beeinflußt war durch die Art der äußeren Interessenlage und der ihr adäquaten Lebensführung der herrschenden Schichten und also durch die soziale Schichtung selbst, so war umgekehrt auch die Richtung der ganzen Lebensführung, wo immer sie planmäßig rationalisiert wurde, auf das tiefgreifendste bestimmt durch die letzten Werte, an denen sich diese Rationalisierung orientierte." (MWG I/ 19, S. 109) Diese „letzten" Werte sind nach Weber in aller Regel religiös bedingte Wertungen, sie sind jedoch nicht universell gültig, sondern müssen verbunden werden mit der wichtigen „Erfahrungstatsache der **ungleichen** religiösen **Qualifikation** der Menschen." (MWG I/19, S. 110) Daraus ergibt sich gesellschaftlich eine „Art von **ständischer** Gliederung gemäß den charismatischen Qualifikationsunterschieden." (MWG I/19, S. 110) Weber unterscheidet zwischen einer „Virtuosen"-Religiosität und einer „Massen"-Religiosität, wobei ihn dabei besonders das jeweilige Verhältnis zum Alltag als der „Stätte der Wirtschaft" interessiert. Dieses gestaltete sich in den verschiedenen religiösen Entwürfen höchst unterschiedlich und ist das eigentliche Thema der Weberschen Studien über die Wirtschaftsethik der Weltreligionen.

Als erster Weltreligion wendet Max Weber sich dem Konfuzianismus und Taoismus zu, den zwei großen religiösen Ordnungen des traditionellen China.

Der erste Abschnitt behandelt die begriffliche Trias: Stadt, Fürst und Gott. Nach Weber war China ein Land der großen ummauerten Städte und ein Land des Binnenhandels, mit überragender Bedeutung der agrarischen Produktion. In diesem Zusammenhang betreibt er viel Aufwand für die Darstellung der chinesischen Geldwirtschaft und benennt zwei „eigentümliche Tatsachen": Die starke Vermehrung des Edelmetallbesitzes führte zwar zu einer Verstärkung der Geldwirtschaft, begünstigte jedoch keineswegs eine kapitalistische Entwicklung, sondern eher eine Steigerung des „Traditionalismus". (MWG I/19, S. 147)

Um dies zu erklären, verfolgt Weber zunächst die historische Genese der chinesischen Stadt. Sie sei primär „Fürstenresidenz" gewesen, ohne städtisches Marktmonopol. Insbesondere fehlte in China der „politische Sondercharakter" der Stadt, d. h., sie war keine „Gemeinde" mit eigenen politischen Sonderrechten, wie Weber das für die okzidentale Stadt herausgearbeitet hatte. Die chinesische Stadt war nicht Heimat eines Bürgertums, niemals wurden in China „die Bande der **Sippe** abgestreift", es fehlte „der politische Schwurverband von wehrhaften Stadtinsassen", und es gab „wesentlich weniger rechtlich garantierte ‚Selbstverwaltung'" in den chinesischen Städten. (MWG I/19, S. 150 ff.) Als Gründe für diese Verschiedenheit der städtischen Entwicklungen nennt Weber die folgenden: China war vorwiegend Binnenwirtschaftsgebiet, das chinesische kaiserliche Beamtentum war sehr alt, die Stadt war vorwiegend ein rationales Produkt der Verwaltung, die bestehenden Gildenmonopole waren primär durch Sippen und Stämme bestimmt, es fehlte eine systematische Stadtpolitik der Zünfte und eine eigene politisch-militärische Macht der Städte und Gilden.

Als Voraussetzung für das Entstehen einer kaiserlichen Zentralgewalt und eines damit verbundenen „Patrimonialbeamtentums" nennt Weber die Notwendigkeit der Flussregulierung „als Voraussetzung aller rationalen Wirtschaft", d. h. wesentlich den Überschwemmungsschutz durch Deiche und den Kanalbau für die Binnenschifffahrt. (MWG I/19. S. 158 f.) Die Stromregulierungsbeamten und die Polizei bildeten den „Keim der präliterarischen, reinen Patrimonialbürokratie". (MWG I/19, S. 159) Im Anschluss an diese Skizze historischer Entwicklungsprozesse stellt Weber reichlich unvermittelt folgende Frage: „Es fragt sich, inwieweit diese Verhältnisse Konsequenzen nicht nur [...] politischer, sondern auch religiöser Natur gehabt haben." (MWG I/19, S. 159)

Damit wendet Weber sein Forschungsinteresse der historischen Stellung des chinesischen Kaisers zu. An dieser Stelle taucht erstmals eine politisch gefärbte Anwendung des Begriffs „Charisma" auf, den er in der „Protestantischen Ethik" noch rein theologisch, d. h. bezogen auf die Begnadung des Predigers, gebraucht hatte und den er nun vor allem politisch definiert. Er befasst sich insbesondere mit dem zentralen Problem der Bewährung charismatischer Qualitäten, im „soziologischen" Sinn von „außeralltäglich". Die Grundlagen charismatischer Herrschaft und ihrer Bewährung konnten von unterschiedlicher Art sein: „Entscheidend für die Kulturentwicklung war wesentlich Eins: die Frage, ob das **militärische** Charisma des Kriegsfürsten und das **pazifistische** Charisma des [...] Zauberers beide in einer Hand lagen oder nicht." (MWG I/19, S. 175) In China ging das Kaisertum nach Webers Interpretation aus dem magischen Charisma hervor: „Der chinesische Monarch blieb so in erster Linie ein Pontifex, d. h. ein Monarch von Gottes Gnaden." (MWG I/19, S. 176 f.) Diese Herrschaft war abhängig vom Kriterium der Bewährung, d. h. nach Webers Definition vom „Erfolg". Wenn dieser ausblieb, durfte man, d. h. insbesondere die hohe Beamtenschaft, den Kaiser im Extremfall sogar töten.

Im zweiten Abschnitt versucht Weber eine Gegenüberstellung des feudalen Staates im Okzident und des Systems der Pfründenwirtschaft in China. Das politische Lehenswesen war in China nicht primär mit der Grundherrschaft verknüpft, sondern aus dem „Geschlechterstaat" erwachsen, d. h., es kam zu einer „politischen Feudalisierung". Bei der Besetzung der Herrschaftspositionen wurden ausschließlich die bereits herrschenden Sippen berücksichtigt, d. h., das für diese Positionen benötigte „Charisma" haftete nicht am einzelnen Individuum, sondern an seiner Sippe. Das „Erbcharisma" der Sippe war die Grundlage für einen „erbcharismatischen Feudalismus".

Weber schildert im Detail die Stellung der kaiserlichen Sippe innerhalb der sozialen Schichtung der chinesischen Gesellschaft und die Konkurrenzkämpfe der Fürsten, Beamten und Literaten. Ein Hauptergebnis dieser komplexen Prozesse war die schrittweise Auflösung des Feudalismus und die Entstehung des chinesischen Patrimonialismus mit seiner Bürokratie: Die „Patrimonialbürokratie" war, wie im Okzident, „der feste Kern, an dessen Entfaltung die Bildung des Großstaats anknüpfte. Das Auftreten von Kollegialbehörden und die Entwicklung von ‚Ressorts' waren dabei hier wie dort die typischen Erscheinungen. Aber der ‚Geist' der bürokratischen Arbeit war hier und dort [...] ein überaus verschiedener." (MWG I/19, S. 208 f.)

Diese Verschiedenheit begründet Weber u. a. mit dem unterschiedlichen Steuersystem, wie es sich auf der Grundlage der chinesischen Geldwirtschaft herausgebildet hatte. Und an dieser Stelle stößt er wiederum auf sein „Zentralproblem": das Fehlen auch nur des geringsten Ansatzes „zu einer modern-kapitalistischen Entwicklung". Dafür müssten nach Weber sowohl „ökonomische wie geistige Ursachen" angeführt werden, die jedoch beide „aus der Eigenart der führenden Schicht Chinas: des Beamten- und Amtsanwärterstandes (der ‚Mandarinen') hervorgingen." (MWG I/19, S. 218) Das Beamtentum als Ganzes habe zwar über ein gewaltiges Pfründeneinkommen verfügt, der einzelne Beamte war jedoch gezwungen, in der zumeist nur kurzen Amtszeit „soviel als möglich aus dem Amt herauszuwirtschaften". (MWG I/19, S. 222) In dieser materiellen Abhängigkeit sieht Weber einen wesentlichen Grund für den extremen administrativen und wirtschaftspolitischen Traditionalismus des chinesischen Beamtentums.

Der dritte Abschnitt über die soziologischen Grundlagen der chinesischen Gesellschaft befasst sich im Wesentlichen mit der Agrarverfassung Chinas. Zu den bereits angeführten, relativ günstigen Voraussetzungen (Bevölkerungswachstum, Vermehrung der Edelmetallvorräte, Ansätze rationaler Wirtschaft und Verwaltung) rechnet Weber noch eine weitere: den unerreichten Fleiß und die Arbeitsfähigkeit der Chinesen, die zu einer „ganz außerordentliche[n] Entwicklung und Intensität des chinesischen **Erwerbstriebs**" führten. (MWG I/19, S. 227) Auf der Suche nach den Ursachen für das Nichtentstehen eines chinesischen Kapitalismus stößt Max Weber noch auf einen weiteren – in seinen Augen den entscheidenden – Gegensatz zwischen der chinesischen und der okzidentalen Entwicklung: die ungeheure Zunahme der bäuerlichen Bevölkerung seit Beginn des 18. Jahrhunderts in China. Als Spezialist für Agrargeschichte beschäftigt Weber sich mit den historischen Entwicklungen der chinesischen Agrarverfassung und dabei insbesondere der Herausbildung des Privateigentums an Grund und Boden. Entscheidend war hier, dass – nach Weber – keine größeren landwirtschaftlichen, „rationalen" Betriebseinheiten entstanden und dass die altbäuerlichen Sippen die Träger des Bodeneigentums waren und blieben.

Der vierte Abschnitt fasst die bis hierher angeführten Beobachtungen zusammen. Dabei hält Weber fest, was seiner Ansicht nach für eine kapitalistische Ent-

wicklung fehlte: ein interessenbewusstes Bürgertum sowie „Rechtsformen und
[…] die soziologischen Unterlagen des kapitalistischen ‚Betriebs' mit seiner rationalen Versachlichung der Wirtschaft." (MWG I/19, S. 257) Dagegen hatte sich als
Folge des Pfründensystems „ein wenn auch labiles Patriziat und ein Bodenmagna-
tentum […] entwickelt, welches weder feudales noch bürgerliches Gepräge trug,
sondern auf Chancen rein politischer Ämterausbeutung spekulierte. Es war […]
vor allem innenpolitischer Beutekapitalismus." (MWG I/19, S. 258)

Für diese Entwicklung macht Weber insbesondere die Institution der Sippen-
verbände verantwortlich und den dahinter stehenden Ahnenkult. Diese beiden Mo-
mente seien es gewesen, die eine der okzidentalen vergleichbaren Entwicklung der
Stadt verhinderten und dafür das Dorf zum Ausgangs- und Bezugspunkt der Entwicklungsprozesse Chinas machten. Die mit dem Sippengedanken auf das Engs-
te verbundene „patrimoniale Staatsstruktur" verhinderte zudem die Entwicklung
eines rational kalkulierbaren Funktionierens von Verwaltung und Rechtspflege –
beides notwendige Voraussetzungen für ein sich entwickelndes Gewerbe. Die „Ir-
rationalitäten" dieser Regierungsform verhinderten das Entstehen der politischen
Vorbedingung für einen „rationalen Betriebskapitalismus".

Behandelte Weber bis dahin im Wesentlichen die ökonomischen, politischen
und sozialstrukturellen Gegebenheiten, so wendet er sich im fünften Abschnitt deren „**gesinnungsmäßigen** Grundlagen" (MWG I/19, S. 284) zu, die er als sein
„eigentliches Thema" bezeichnet: „In China bestimmte seit zwölf Jahrhunderten,
weit mehr als der Besitz, die durch **Bildung**, insbesondere: durch Prüfung, fest-
gestellte Amtsqualifikation den sozialen Rang." (MWG I/19, S. 285) Die Tatsache,
dass literarische Bildung zum Maßstab sozialer Wertschätzung in China gemacht
wurde, bewirkte, dass die „Literaten" die herrschende Schicht Chinas wurden. Diese führende Intellektuellenschicht, herausgewachsen aus ritueller Schulung, war
im Wesentlichen eine vornehme Laienschaft. Die Zugehörigkeit zu dieser Literatenschicht war weder erblich noch exklusiv, sie hing allein von der Anzahl der
Examina und der Beherrschung der Fähigkeiten ab, die die chinesische Erziehung
für diese Schicht forderte. Der Literatenstand betrachtete sich als Einheit, sowohl
in seiner Standesehre als auch als einziger Träger der chinesischen Kultur. Die
Literatenschicht stand durchgängig in der chinesischen Geschichte in einer be-
sonders intimen Beziehung zu den Fürsten, insbesondere zum Kaiser. Die rituell
geschulten Literaten„politiker" waren primär an den Problemen der „richtigen"
Staatsverwaltung orientiert. Dieser praktisch-politische Rationalismus führte zur
Präzisierung eines „Amts", zur Schaffung eines Ethos der „Amtspflicht" und zur
Konzeption des „öffentlichen Wohls". Mit der Befriedung des Reiches und der
Schaffung eines Einheitsstaates hörten die Konkurrenzkämpfe der Fürsten um die
Literaten auf: „Jetzt konkurrierten umgekehrt diese und ihre Schüler um die vor-

handenen Ämter, und es konnte nicht ausbleiben, daß dies die Entwicklung einer einheitlichen, dieser Situation angepaßten, orthodoxen Doktrin zur Folge hatte. Sie wurde: der **Konfuzianismus.**" (MWG I/19, S. 292)

Zugleich war dies der entscheidende Punkt bei der Wendung zum Pazifismus und zum Traditionalismus: „an die Stelle des Charisma trat: die Tradition." (MWG I/19, S. 293) Der soziale Kern des Literatenstandes war der Stand der „Mandarine", aus dem sich alle Klassen der chinesischen Zivilbeamten rekrutierten. Er war „eine Schicht diplomierter Pfründenanwärter […], deren Amtsqualifikation und Rang nach der Zahl der bestandenen Prüfungen sich richtete. […] ‚Wieviel Examina er bestanden habe?', war die Frage, welche an einen Fremden, dessen Rang unbekannt war, gestellt zu werden pflegte. Nicht: wieviele Ahnen man hatte, bestimmte also – trotz des Ahnenkults – den sozialen Rang." (MWG I/19, S. 297 f.)

Das vermeintlich Widersprüchliche dieser Tradition war, dass diese rein literarische Geistigkeit verbindlich war für eine Schicht von Beamten, die ein Riesenreich zu verwalten hatten: „mit bloßer Poesie verwaltete man auch in China nicht." (MWG I/19, S. 319) Diese Konzeption der chinesischen Erziehung hatte sich erst im Laufe eines längeren historischen Prozesses gegen mächtige Gruppen und Ideen durchsetzen müssen: die „großen Familien" der Feudalzeit, die Amtskäufer, der „Sultanismus" und die ihn stützende Eunuchenwirtschaft, die militärischen Mächte. „auf die Dauer blieben die Literaten immer wieder siegreich. Jede Dürre, Überschwemmung, Sonnenfinsternis, Niederlage, und jedes auftretende und bedrohliche Ereignis überhaupt spielte ihnen sofort wieder die Macht in die Hände, da es als Folge des Bruches der Tradition und des Verlassens der klassischen Lebensführung angesehen wurde, deren Hüter die Literaten […] waren." (MWG I/19, S. 328)

Um diesen Siegeszug einer bestimmten Schicht und ihrer Gesinnung besser erklären zu können, fragt Weber: „Welches war nun der **materiale** Gehalt der orthodoxen Ethik dieses für den Geist der Staatsverwaltung und der herrschenden Schichten maßgebenden Standes?" (MWG I/19, S. 331) Der sechste Abschnitt unter der Überschrift „Die konfuzianische Lebensorientierung" ist der Beantwortung dieser Frage gewidmet. Die chinesische Patrimonialbürokratie war, nach Weber, nie von einer selbstständigen Priesterherrschaft, einer „Hierokratie" bedroht gewesen. Im Gegensatz zur abendländischen, vorderasiatischen und indischen Entwicklung gab es in China niemals eine sozial machtvolle Prophetie, niemals ein machtvolles Priestertum, niemals eine eigene Erlösungslehre, Ethik und Erziehung durch autonome religiöse Mächte. „Es lebte sich also der intellektuelle Rationalismus einer Beamtenschicht frei aus, der hier wie überall im Innersten die Religionen **verachtete**, wo er ihrer nicht zur Domestikation benötigte." (MWG I/19, S. 333) Einzig eine staatlich vorgeschriebene „Laienreligion", der Glaube an die Macht der Ahnengeister und der damit verbundene Kult waren zugelassen, und der charismatische Charakter dieser Religion entsprach dem Selbsterhaltungsinteresse des Beamtentums. Entscheidend war dabei die primäre Ausrichtung dieser „Religion" auf das Diesseits mit dem individuellen Hauptinteresse an einem langen Leben, Kindern und (mäßigem) Reichtum. Jeder Ansatz einer Eschatologie oder Erlösungslehre fehlte.

Der Gedanke einer Differenzierung nach dem jeweiligen „Gnadenstand" der Einzelnen blieb dem Konfuzianismus fremd. Dagegen stand in der klassischen konfuzianischen Lehre der Gedanke einer prinzipiellen Gleichheit der Menschen als konstitutives Moment. Ein weiteres Moment der konfuzianischen Lebensorientierung war – nach Einschätzung des Juristen Max Weber – das Fehlen einer naturrechtlichen Entwicklung modern okzidentalen Gepräges und das dadurch mitbedingte Fehlen eines eigenen Juristenstandes. Es kam nicht zur Ausbildung eines kodifizierten Rechts und eines „modernen" Rechtssystems, d. h., neben der philosophischen und theologischen fehlte auch die Entwicklung einer eigenen juristischen Logik.

Weber fasst diese einzelnen Aspekte zusammen, indem er schreibt: „Im Ergebnis konnte sich also hier die immanente Stellungnahme einer Beamtenschaft zum Leben […] in dem **ihr** eigentümlichen praktischen Rationalismus ausleben und eine ihr kongruente Ethik schaffen, begrenzt nur durch die Rücksicht auf die Mächte der Tradition in den Sippen und im Geisterglauben. Es trat ihr keines der anderen Elemente spezifisch **modernen** Rationalismus, welche für die Kultur des Westens konstitutiv waren, zur Seite, weder konkurrierend noch unterstützend. Sie blieb aufgepfropft auf eine Unterlage, welche im Westen schon mit der Entwicklung der antiken Polis im Wesentlichen überwunden war. Es kann also die von ihr getragene Kultur annähernd als ein Experiment gelten: welche Wirkung rein von sich aus der **praktische** Rationalismus der Herrschaft einer Amtspfründnerschaft hat. Das Resultat dieser Lage war: der orthodoxe Konfuzianismus." (MWG I/19, S. 344 f.)

Damit war der Konfuzianismus für Weber im Wesentlichen eine „innerweltliche **Laien**sittlichkeit […] ein ungeheurer Kodex von politischen Maximen und gesellschaftlichen Anstandsregeln für gebildete Weltmänner." (MWG I/19, S. 345 f.) Alle Probleme der Gesellschaft waren letztlich Erziehungsprobleme, Probleme der Selbstentwicklung des Einzelnen. Es gab nicht „das Böse" an sich, etwa im christlichen Sinne, sondern nur Fehler, insbesondere als Folge ungenügender Bildung. Die Bildungsideale dieser Sittlichkeit waren dabei „Schicklichkeit", Höflichkeit und Anmut und insbesondere die Unterdrückung der Leidenschaft als der Störquelle des angestrebten harmonischen Gleichgewichtszustandes. Dazu kam die „soziale Grundpflicht", die Kardinaltugend: die „Pietät". Was dem Feudalismus die

Ehre, war dem Patrimonialismus die Pietät (*hiao*), verstanden als Unterordnung gegenüber den Eltern, Lehrern, den Vorgesetzten in der Amtshierarchie, dem Kaiser. Ziel dieser Ethik war die Erziehung zu unbedingter Disziplin: „Insubordination ist schlimmer als niedrige Gesinnung." (MWG I/19, S. 353)

Eine weitere Komponente dieser „Beamtenmoral" war die Ächtung der Gewinnsucht, die als Quelle sozialer Unruhen verachtet wurde: „Das Gleichgewicht und die Harmonie der Seele wird durch die Risiken des Erwerbs erschüttert." (MWG I/19, S. 355) Das Ideal des allseitig gebildeten konfuzianischen Mannes war die „Selbstvollendung", die nur durch ein nie aufhörendes Lernen, d. h. ein lebenslanges literarisches Studium der alten Klassiker, erreicht werden konnte: „Der ‚fürstliche' Mensch reflektiert und ‚studiert' über alle Dinge unausgesetzt und immer erneut. (MWG I/19, S. 359) Damit hatte Max Weber die Pietät als die Quelle der Disziplin und die literarische Bildung als das universelle und alternativlose Mittel der individuellen Vervollkommnung bestimmt. Den Konfuzianismus nannte er daher auch einen „Rationalismus der Ordnung". Seinen Charakter beschreibt er zusammenfassend als „Pazifistisch, innerweltlich und nur an der Angst vor den **Geistern** orientiert." (MWG I/19, S. 368)

Den siebenten Abschnitt seiner Analyse verwandte Weber für die Beschäftigung mit dem heterodoxen Taoismus. Der Ausgangspunkt ist dabei ein eminent soziologischer: Der bisher geschilderte chinesische Staatskult ließ nach Weber „die typischen religiösen Bedürfnisse der Massen ganz beiseite", so dass es zu einer „Lücke" zwischen der Lehre der Mandarine und den religiösen Konzeptionen der Masse der Nicht-Mandarine kam, d. h. zwischen dem klassischen Konfuzianismus und einer „unklassischen Volksreligion". (MWG I/19, S. 370 ff.) Max Weber interessiert in diesem Zusammenhang wesentlich, ob diese Volksreligion möglicherweise „Quelle einer abweichend orientierten Lebensmethodik werden konnte und geworden ist." (MWG I/19, S. 373) Bei der Beantwortung dieser Frage kommt er zum Ergebnis, dass die bestehenden volkstümlichen Kulte von der kanonischen, konfuzianischen Lehre zwar geduldet, aber wesentlich als „Privatangelegenheit" betrachtet wurden. Solche „Privatkulte" sahen sich dem Widerstand der konfuzianischen Bürokratie gegenüber: „Individuelle mystische oder asketische Heilssuche […] war ein dem (**klassischen**) Konfuzianismus gänzlich fremdes Interesse. Sie hatte im chinesischen Beamtenrationalismus ganz natürlich ebensowenig eine Stätte, wie sie jemals der Lebensführung irgendeiner Bürokratie entsprochen hat." (MWG I/19, S. 376 f.)

Der Orthodoxie wie der Heterodoxie gemeinsam war die Duldung bzw. positive Pflege der Magie, die jede Art von Rationalisierung in die Richtung eines magischen Weltbildes bewegte. Weber „belegt" diese These mit der enormen Bedeutung etwa der Astrologie, Arzneilehre und der Geomantik in der Wissenschaftsgeschichte Chinas. Dadurch kam es, über alle Verschiedenheiten hinaus, zu einer gemeinsamen Wirkung von Taoismus und orthodoxem Konfuzianismus: der Bestärkung des Traditionalismus. „In jedem Falle führte von hier nicht nur kein Weg zu einer rationalen – sei es inner- oder außerweltlichen – Lebensmethodik, sondern die taoistische Magie mußte eines der ernstlichen Hindernisse für die Entstehung einer solchen werden. Die eigentlich ethischen Gebote waren im späteren Taoismusfür die Laienmateriell wesentlich die gleichen wie im Konfuzianismus. Nur daß der Taoist von ihrer Erfüllung persönliche Vorteile, der Konfuzianer mehr das gute Gewissen des Gentleman erwartete." (MWG I/19, S. 416)

Als Abschluss seiner Untersuchung der Wirtschaftsethik Chinas formulierte Max Weber ein „Resultat" mit der Überschrift „Konfuzianismus und Puritanismus". Dabei nahm er als Vergleichsmaßstab die Kategorie der Rationalität. Für Weber repräsentierte Religion eine Stufe im jeweiligen Prozess der Rationalisierung, wobei er zwei Kriterien an diesen Prozess anlegte: „Einmal der Grad, in welchem sie [die Religion] die **Magie** abgestreift hat. Dann der Grad systematischer Einheitlichkeit, in welche das Verhältnis von Gott und Welt und demgemäß die eigene ethische Beziehung zur Welt von ihr gebracht worden ist." (MWG I/19, S. 450) Um den „konfuzianischen Rationalismus" einordnen zu können, zieht er den „Rationalismus des Protestantismus" als den „uns geographisch und historisch nächstliegenden" zum Vergleich heran. (MWG I/19, S. 450) Für Weber wurde nur im Protestantismus „die gänzliche **Entzauberung der Welt**" (MWG I/19, S. 450) in aller Konsequenz durchgeführt, wohingegen der Konfuzianismus die Magie in ihrer „positiven Heilsbedeutung" unangetastet ließ. Damit war für ihn „völlig klar geworden: daß in dem Zaubergarten vollends der heterodoxen Lehre (Taoismus) […] eine rationale Wirtschaft und Technik moderner okzidentaler Art einfach ausgeschlossen war." (MWG I/19, S. 450 f.)

Weiterhin wichtig waren für Weber die diesseitige „Weltbejahung" und „Weltanpassung" dieser rein magischen Religiosität. Eine irgendwie geartete „Erlösung" – außer von der Unbildung – begehrte der Konfuzianer nicht, d. h., es fehlte jede transzendente Verankerung der Ethik. „Eine Spannung gegen die ‚Welt' war nie entstanden, weil eine ethische Prophetie eines überweltlichen, ethische **Forderungen** stellenden Gottes, soweit die Erinnerung zurückreicht, völlig gefehlt hat. (MWG I/19, S. 454) Dieses Fehlen einer „Prophetie" in China hatte in den Augen Webers entscheidende Bedeutung: Prophetie schaffte für ihn eine systematische Orientierung der Lebensführung an einem Wertmaßstab von innen heraus. Im Gegensatz dazu war nun der Konfuzianismus „Anpassung nach außen hin, an die Bedingungen der ‚Welt'". (MWG I/19, S. 460) Diese Stellung zur Welt stand im äußersten Gegensatz zu einer okzidentalen religiösen Ethik: „Denn keine, auch nicht eine mit den Ordnungen der Erde in ein noch so enges [sic!] Kompromiß verflochtene Ethik konnte die pessimistische Spannung zwischen Welt und überweltlicher Bestimmung des einzelnen mit ihren unvermeidlichen Konsequenzen so von Grund aus beseitigen, wie das konfuzianische System des radikalen Weltoptimismus." (MWG I/19, S. 461)

Mit dieser Charakterisierung der Sozialethik kam Max Weber zu seinem eigentlichen Forschungsanliegen zurück: der Wirtschaftsethik Chinas. Dabei stand für ihn bei der Einordnung des Konfuzianismus die Tradition des Sippenkultes im Vordergrund: „Es ist von sehr erheblicher ökonomischer Bedeutung, wenn alles **Vertrauen**, die Grundlage aller Geschäftsbeziehungen, immer auf Verwandtschaft oder verwandtschaftsartige rein persönliche Beziehungen gegründet blieb, wie dies in China sehr stark geschah. Die große Leistung der ethischen Religionen, vor allem der ethischen und asketischen Sekten des Protestantismus, war die **Durchbrechung** des Sippenbandes, die Konstituierung der Überlegenheit der Glaubens- und **ethischen** Lebensführungsgemeinschaft gegenüber der **Bluts**gemeinschaft, in starkem Maße selbst gegenüber der Familie." (MWG I/19, S. 463)

Trotz vorhandener wirtschaftspolitischer Maßnahmen und Regeln kam es nicht zur Ausbildung einer der okzidentalen vergleichbaren Wirtschaftsgesinnung. Und insbesondere die fehlende Ausbildung einer „bürgerlichen Lebensmethodik" war es, die die konfuzianische von der puritanisch-christlichen Wirtschaftsgesinnung unterschied: „Der Gegensatz zum Konfuzianismus ist klar. Beide Ethiken hatten ihre irrationale Verankerung: dort die Magie, hier die letztlich unerforschlichen Ratschlüsse eines überweltlichen Gottes. Aber aus der Magie folgte […] die Unverbrüchlichkeit der Tradition. Aus der Beziehung zum überweltlichen Gott und zur kreatürlich verderbten ethisch irrationalen Welt folgte dagegen die absolute Unheiligkeit der Tradition und die absolut unendliche Aufgabe immer erneuter Arbeit an der ethisch rationalen Bewältigung und Beherrschung der gegebenen Welt: die rationale Sachlichkeit des ‚Fortschritts'. Der Anpassung an die Welt dort stand also hier die Aufgabe ihrer rationalen Umgestaltung gegenüber." (MWG I/19, S. 467)

Noch ein weiteres wichtiges Moment setzte sich in China nicht durch: das Prinzip der „Rechenhaftigkeit" des modernen Kapitalismus. Trotz intensiven Wirtschaftens und eines starken „Materialismus" kam es in China nicht zur Ausbildung „**methodischer** geschäftlicher Konzeptionen rationaler Art": Daß ‚Erwerbstrieb' hohe, ja exklusive Schätzung des Reichtums und utilitaristischer ‚Rationalismus' an und für sich noch nichts mit **modernem** Kapitalismus zu tun haben, kann man also gerade in diesem typischsten Land des Erwerbes studieren. […] Es fehlte ihm [dem chinesischen Geschäftsmann] die zentral, von innen heraus religiös bedingte rationale Lebensmethodik des klassischen Puritaners, für den der ökonomische

Erfolg nicht letztes Ziel und Selbstzweck, sondern Mittel der Bewährung war."
(MWG I/19, S. 471)

Abschließend fasst Weber folgendermaßen zusammen: „‚Rationalismus' [...]
enthielt der Geist beider Ethiken. Aber nur die **über**weltlich orientierte puritanische rationale Ethik führte den **inner**weltlichen ökonomischen Rationalismus in
seinen Konsequenzen durch, gerade **weil** ihr an sich nichts ferner lag als eben dies,
gerade **weil** ihr die innerweltliche Arbeit nur Ausdruck des Strebens nach einem
transzendenten Ziel war. [...] Der konfuzianische Rationalismus bedeutete rationale Anpassung an die Welt. Der puritanische Rationalismus: rationale **Beherrschung** der Welt." (MWG I/19, S. 476)

Es kann hier nicht der Ort sein, das Ergebnis seiner literarischen Beschäftigung
mit zwei der großen religiösen Ordnungen des traditionellen China – dem Konfuzianismus und dem Taoismus – zu bewerten. Die jahrzehntelange Sekundärlitera-
tur zu diesen Studien hat hinreichend dokumentiert, woher Max Weber die meisten
seiner Aussagen über China bezogen hat. Er stützte sich vorzugsweise auf die von
westlichen – vor allem jesuitischen – Missionaren verfassten Werke sowie auf die
Arbeiten der zeitgenössischen wissenschaftlichen Sinologie, die im späten Wilhelminischen Deutschland mit dem Hamburger Sinologen Otto Franke und dem
Berliner Johann Jakob Maria de Groot gerade erst in den institutionellen Anfängen
stand, wobei die doch recht nachlässige Art Webers, mit seinen Quellen umzuge-
hen, ebenfalls gut dokumentiert ist. (MWG I/19, „Einleitung" [des Herausgebers])

Aktuell ist nicht ganz eindeutig zu beurteilen, ob es sich bei der Weberschen
China-Studie um einen zwar genialen, aber doch erheblich „überholten" Wurf handelt oder ob auch die heutige Sinologie sich dem Weberschen Gemälde des alten
China (immer noch) nicht entziehen kann. Das geradezu überwältigende Interesse
der asiatischen Leserschaft – zumindest jedoch der asiatischen Käuferschaft – an
Max Weber und speziell an diesem Text aus der Feder eines deutschen Univer-
sitätsprofessors, der kein Wort des Chinesischen beherrschte, der nie in dem be-
troffenen Land gewesen war, der vollkommen von europäischen Sekundärquellen
abhängig war, von denen einige sich sogar als Fälschungen erwiesen haben, will
erklärt werden. Zumindest scheinen diese Studien Max Webers für den aktuellen
sozialwissenschaftlichen Diskurs über einen Kulturvergleich zwischen Okzident
und China von anhaltender Bedeutung zu sein, wie die Debatten über Modernisie-
rungstheorien, Eurozentrismus, Orientalismus und den anhaltenden Siegeszug von
Kapitalismus und Imperialismus bezeugen.

Was den Max Weber der Jahre nach 1911 bei seiner Sicht auf das traditionelle
China ganz besonders angesprochen haben dürfte, ist nicht sonderlich schwer zu
erkennen. Vor seinem inneren Auge stand ein riesiges Kaiserreich, in dem die „Literaten" die herrschende Schicht stellten, in dem literarische Bildung Maßstab so-

zialen Prestiges war und in dem diese führende Intellektuellenschicht, deren Zugehörigkeit weder erblich noch exklusiv war, mit ihrer Standesehre der entscheidende Träger der Kultur gewesen sein soll und deswegen in einer besonders intimen Beziehung zum Kaiser stand. Es war ein Land, in dem Literaten„politiker" einen praktisch-politischen Rationalismus erschufen und ein Ethos der „Amtspflicht" und des „öffentlichen Wohls" ausbildeten. Eine solche Schicht musste einem wilhelminischen Gelehrten wie Max Weber als die Erfüllung seiner kühnsten politischen Träume erscheinen. Dass „die Gebildeten" die eigentlich Herrschenden sein sollten und zugleich diejenigen, die über den notwendigen materiellen Wohlstand verfügten, musste Max Weber als ein gesellschaftliches Ideal höchster Güte erscheinen. Das ständische Vornehmheitsideal des allseitig gebildeten konfuzianischen „Gentleman" dürfte eine sehr persönliche Wunschvorstellung gewesen sein, die sich Max Weber in den Lesesälen der Universitätsbibliotheken ausmalte. Insofern mag das Bild Max Webers vom konfuzianischen Mandarin des alten China auch viel über sein inneres Bild sagen, das er für sich selbst und seinen Stand der Gelehrten im Kaiserlichen Deutschland entwarf.

Die besondere Ironie der Situation liegt jedoch darin, dass die Realität des chinesischen Mandarins zu exakt diesem Zeitpunkt in China selbst an ihr Ende gelangt war. Diese Ehrenamtsträger des kaiserlichen China beendeten ihre hervorgehobene Rolle zusammen mit der Quing-Dynastie, die mit der Errichtung der Republik China am 1. Januar 1912 unterging. Nicht nur in Deutschland war es zum Niedergang der „Gelehrtenpolitiker" gekommen, selbst im ehemaligen Beamtenstaat China herrschten die Literaten nicht mehr. Umso wehmütiger konnte man sich an schönen Bildern von der (vermeintlichen) Kulturhoheit der Gelehrten ergötzen.

Max Webers China-Studie ist ein Dokument eines Überlegenheitsgefühls des Okzidents gegenüber allen anderen Kulturkreisen, das sich zu Beginn des 21. Jahrhunderts nicht länger aufrechterhalten lässt. Gewiss bieten die im Zuge der aktuellen nationalen und internationalen Diskussionen und Forschungen über eine Weltgeschichte („Global History") hinreichend fundierte Ansatzpunkte, die eben jene Fixierung auf eine allein okzidentale Rationalität zu überwinden helfen, der auch Max Weber – wenn auch innerlich zweifelnd – zum Opfer fiel. (Vgl. Jürgen Osterhammel 1989, 2002, 2011)

Literatur

Kaesler, Dirk. 2014a. *Max Weber. Eine Einführung in Leben, Werk und Wirkung.* 4. Aufl. Frankfurt a. M.: Campus.

Kaesler, Dirk. 2014b. *Max Weber. Preuße, Denker, Muttersohn. Eine Biographie*. München: C. H. Beck.

Osterhammel, Jürgen. 1989. *China und die Weltgeschichte. Vom 18. Jahrhundert bis in unsere Zeit*. München: C. H. Beck.

Osterhammel, Jürgen. 2002. *Geschichtswissenschaft jenseits des Nationalstaats. Studien zu Beziehungsgeschichte und Zivilisationsvergleich*. 2. Aufl. Göttingen: Vandenhoeck & Ruprecht.

Osterhammel, Jürgen. 2011. *Die Verwandlung der Welt. Eine Geschichte des 19. Jahrhunderts*. 5. Aufl. München: C. H. Beck.

Weber, Max. 1989. *Die Wirtschaftsethik der Weltreligionen. Konfuzianismus und Taoismus. Schriften 1915–1920. Herausgegeben von Helwig Schmidt-Glintzer in Zusammenarbeit mit Petra Kolonko*. Tübingen: J.C.B.Mohr (Paul Siebeck) (= MWG I/19).

Weber, Max. 2003. Briefe 1913–1914. *Herausgegeben von M. Rainer Lepsius und Wolfgang J. Mommsen in Zusammenarbeit mit Birgit Rudhard und Manfred Schön*. Tübingen: J.C.B.Mohr (Paul Siebeck) (= MWG II/8).

essentials

essentials liefern aktuelles Wissen in konzentrierter Form. Die Essenz dessen, worauf es als „State-of-the-Art" in der gegenwärtigen Fachdiskussion oder in der Praxis ankommt. *essentials* informieren schnell, unkompliziert und verständlich

- als Einführung in ein aktuelles Thema aus Ihrem Fachgebiet
- als Einstieg in ein für Sie noch unbekanntes Themenfeld
- als Einblick, um zum Thema mitreden zu können

Die Bücher in elektronischer und gedruckter Form bringen das Expertenwissen von Springer-Fachautoren kompakt zur Darstellung. Sie sind besonders für die Nutzung als eBook auf Tablet-PCs, eBook-Readern und Smartphones geeignet. *essentials:* Wissensbausteine aus den Wirtschafts-, Sozial- und Geisteswissenschaften, aus Technik und Naturwissenschaften sowie aus Medizin, Psychologie und Gesundheitsberufen. Von renommierten Autoren aller Springer-Verlagsmarken.

Weitere Bände in der Reihe http://www.springer.com/series/13088

Reiner Thiele

Lichtquanten- und Lichtwellenleiter

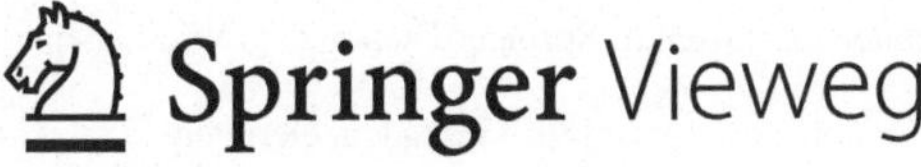

Reiner Thiele
Bertsdorf-Hörnitz, Deutschland

ISSN 2197-6708   ISSN 2197-6716   (electronic)
essentials
ISBN 978-3-658-29946-0   ISBN 978-3-658-29947-7   (eBook)
https://doi.org/10.1007/978-3-658-29947-7

Die Deutsche Nationalbibliothek verzeichnet diese Publikation in der Deutschen Nationalbibliografie; detaillierte bibliografische Daten sind im Internet über http://dnb.d-nb.de abrufbar.

Planung/Lektorat: Reinhard Dapper
Springer Vieweg ist ein Imprint der eingetragenen Gesellschaft Springer Fachmedien Wiesbaden GmbH und ist ein Teil von Springer Nature.
Die Anschrift der Gesellschaft ist: Abraham-Lincoln-Str. 46, 65189 Wiesbaden, Germany

Was Sie in diesem *essential* finden können

- Leitungsmodelle hochfrequenter Übertragungskanäle
- Applikationen zur Quanten- und Wellentheorie des Lichtes
- Erhaltungssätze für optische Spannungen und Ströme
- Basisband-Impulsantworten verzerrungsfreier Lichtleiter

Vorwort

Auf der Suche nach einem einheitlichen Modell für den Lichtleiter, das sowohl quanten- als auch wellentheoretische Aspekte berücksichtigt, stößt man auf das Ersatzschaltbild einer elektrischen Leitung.

Bei Applikation dieses Ersatzschaltbildes auf den Lichtleiter besteht somit die Aufgabe in der Herleitung quanten- oder wellendeterminierter Gleichungen für die Parameter der Ersatzschaltung. Komplettiert wird dieses Modell durch die senderseitige Beschaltung mit einem Strom-Spannungs-Generator sowie mit einem Strom-Spannungs-Sensor auf der Empfangsseite.

Gegenstand dieses Buches ist also die Darstellung der optionalen Zusammenhänge zwischen den quanten-, wellen- und auch materialdeterminierten Leitungskonstanten des Lichtleiter-Modells. Außerdem finden Sie hier neue Erhaltungssätze für sogenannte optische Spannungen und Ströme im Lichtleiter sowie die Basisband-Impulsantworten im verzerrungsfreien Fall.

Mein Dank gilt dem Springer Verlag für die professionelle Begleitung bei der Herstellung und Veröffentlichung dieses *Essentials*.

Reiner Thiele

Inhaltsverzeichnis

Einleitung 1

Ausgehend vom Dualismus von Welle und Korpuskel, kann man den Lichtleiter einerseits als Quanten- und andererseits als Wellenleiter auffassen.

Strukturell gesehen, ist das einheitliche Modell durch das Ersatzschaltbild elektrischer Leitungen bei geeigneter Beschaltung am Ein- und Ausgang gegeben.

Also unterscheiden sich das Quanten- und Wellenmodell höchstens durch optionale Bemessungsgleichungen für die Elemente der Ersatzschaltung des Lichtleiters nach Abb. 1.1.

Wie auch in der weiterführenden Literatur beschrieben, erfolgt senderseitig häufig eine Spannungs-Ansteuerung der Laserdiode, und empfängerseitig wird dann eine leerlaufende Fotodiode im Elementbetrieb eingesetzt.

Vorzugsweise sollte die Zeitfunktion der Spannung zur Ansteuerung der Laserdiode Dreieck-Impulse beinhalten. Dann bilden sich bezüglich der Ströme im Lichtleiter inverse Gabor-Wavelets, die dann demoduliert mit einer Fotodiode im Elementbetrieb spannungsmäßig wieder Dreieck-Impulse ergeben. Nähere Informationen hierzu finden Sie ebenfalls in der weiterführenden Literatur.

Bei der Erbringung der Beweise zu den hier formulierten Aussagen bedient man sich, neben den entsprechenden Faltungsintegralen, der Basisband-Impulsantworten verzerrungsfreier Lichtquantenleiter, die sich alternativ zur angegebenen Literatur aus den Leitungsmodellen der Lichtwellenleiter herleiten lassen.

Zur Modellbildung sind Parameter-Berechnungen für die Leitungsersatzschaltungen der jeweiligen Lichtleiter mithilfe der Quanten- oder Wellentheorie des Lichtes notwendig, die Sie auch hier finden.

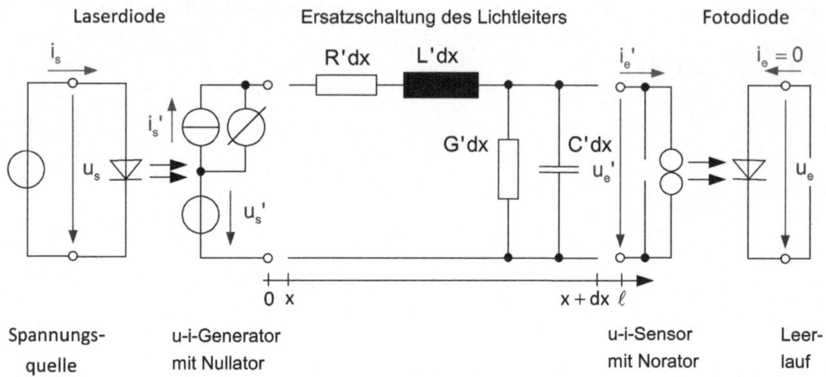

Abb. 1.1 Modell eines optischen Nachrichtensystems. i_s – Strom der Laserdiode; u_s – Spannung an der Laserdiode; i'_s – Lichtleiter-Eingangsstrom; u'_s – Lichtleiter-Eingangsspannung; x – Ortskoordinate (Längskoordinate); dx – differenzielles Längenelement; ℓ – Lichtleiter-Länge; R' – Widerstands-Belag; G' – Ableitungs-Belag; L' – Induktivitäts-Belag; C' – Kapazitäts-Belag; i'_e – Lichtleiter-Ausgangsstrom; u'_e – Lichtleiter-Ausgangsspannung; i_e – Strom der Fotodiode; u_e – Spannung an der Fotodiode

Lichtquantenleiter   2

Mit Hilfe von Leistungs- oder Energiebilanzen werden Gleichungen für die elektromagnetischen Parameter Widerstand, Leitwert. Induktivität und Kapazität aus Zusammenhängen hergeleitet, die die Quantennatur des Lichtes charakterisieren. Dabei bilden sich quantenoptische Beiwerte als Verhältnisse entsprechender Lichtquanten-Zahlen zu den Quadraten der Zahlen elektrischer Ladungsträger. Diese Beiwerte gehen in die Gleichungen für die quantendeterminierten Leitungskonstanten, d. h. Widerstands-, Ableitungs-, Induktivitäts- und Kapazitäts-Belag ein.

2.1   Leitungsmodell der Quantentheorie

Die Herleitung der Gleichungen für den elektrischen Widerstand und den elektrischen Leitwert erfolgt durch Gleichsetzung von elektrischer und optischer Leistung.

$$p_m = p_n \tag{2.1}$$

- Elektrischer Widerstand

$$R \cdot i^2 = R \cdot e^2 \left(\frac{dm}{dt} \right)^2 = hf_0 \cdot \frac{dn}{dt} \tag{2.2}$$

$$R \cdot e^2 \cdot \int_0^{M_R} \int_0^{M_R} dm \, dm = hf_0 \cdot \int_0^{N_R} \int_0^{t_0} dt \, dn \tag{2.3}$$

$$R = \frac{N_R}{M_R^2}\frac{h}{e^2}f_0 t_0 \tag{2.4}$$

$$R = \frac{N_R}{M_R^2}\cdot r_Q \cdot f_0 t_0 \tag{2.5}$$

- Quantenwiderstand

Der sogenannte Quantenwiderstand ist definiert durch

$$r_Q = \frac{h}{e^2} = \frac{6{,}6265 \cdot 10^{-34}\,\mathrm{Ws^2}}{\left(1{,}6021 \cdot 10^{-19}\,\mathrm{As}\right)^2} = 25{,}817\,\mathrm{k\Omega} \tag{2.6}$$

Die Konstante h kennzeichnet darin das Planck'sche Wirkungsquantum, und e stellt die ebenfalls konstante Elementarladung dar.

- Elektrischer Leitwert

$$G \cdot u^2 = hf_0 \cdot \frac{dn}{dt} \tag{2.7}$$

$$u = r_Q \cdot i = r_Q \cdot e \cdot \frac{dm}{dt} = \frac{h}{e} \cdot \frac{dm}{dt} \tag{2.8}$$

$$G \cdot r_Q \cdot \int_0^{M_G}\int_0^{M_G} dm\,dm = f_0 \cdot \int_0^{N_G}\int_0^{t_0} dt\,dn \tag{2.9}$$

$$G = \frac{N_G}{M_G^2}\cdot g_Q \cdot f_0 t_0 \tag{2.10}$$

- Quantenleitwert

Der Quantenleitwert ist der Kehrwert des Quantenwiderstandes.

$$g_Q = \frac{1}{r_Q} = \frac{1}{25{,}817\,\mathrm{k\,\Omega}} = 38{,}734\,\mathrm{\mu S} \tag{2.11}$$

Die Herleitung der Gleichungen für die Induktivität und die Kapazität erfolgt durch Gleichsetzung von magnetischer oder elektrischer Energie und jeweils der optischen Energie.

$$W_m = W_n \tag{2.12}$$

- Induktivität

$$\frac{L}{2} \cdot i^2 = \frac{L}{2} \cdot e^2 \cdot \left(\frac{dm}{dt}\right)^2 = hf_0 \cdot N_L \tag{2.13}$$

$$\frac{L}{2} \cdot e^2 \cdot \int_0^{M_L} \int_0^{M_L} dm\, dm = hf_0 \cdot N_L \cdot \int_0^{t_0} \int_0^{t_0} dt\, dt \tag{2.14}$$

$$L = 2 \cdot \frac{N_L}{M_L^2} \cdot \frac{h}{e^2} \cdot f_0 t_0^2 \tag{2.15}$$

$$L = 2 \cdot \frac{N_L}{M_L^2} \cdot r_Q \cdot f_0 t_0^2 \tag{2.16}$$

- Kapazität

$$\frac{C}{2} \cdot u^2 = \frac{C}{2} \cdot \left(\frac{h}{e}\right)^2 \cdot \left(\frac{dm}{dt}\right)^2 = hf_0 \cdot N_C \tag{2.17}$$

$$\frac{C}{2} \cdot \left(\frac{h}{e}\right)^2 \cdot \int_0^{M_C} \int_0^{M_C} dm\, dm = hf_0 \cdot N_C \cdot \int_0^{t_0} \int_0^{t_0} dt\, dt \tag{2.18}$$

$$C = 2 \cdot \frac{N_C}{M_C^2} \cdot \frac{e^2}{h} \cdot f_0 t_0^2 \tag{2.19}$$

$$C = 2 \cdot \frac{N_C}{M_C^2} \cdot g_Q \cdot f_0 t_0^2 \tag{2.20}$$

2.2 Quantenoptische Beiwerte

In Tab. 2.1 finden Sie neben den Definitionen der quantenoptischen Beiwerte ihre Applikation auf die hergeleiteten elektromagnetischen Parameter Widerstand, Leitwert, Induktivität und Kapazität. Darin kennzeichnet t_0 die Quantenlaufzeit durch den Lichtquantenleiter (LQL) und f_0 die optische Trägerfrequenz einer monochromatischen Laserdiode.

2.3 Quantendeterminierte Leitungskonstanten

Tab. 2.2 zeigt die Gleichungen für die quantendeterminierten Leitungskonstanten, ausgehend von ihrer Definition. Da die Leitungskonstanten längenbezogen sind, erscheint darin eine Geschwindigkeit.

Sie lautet

$$v_0 = \frac{\ell}{t_0} \tag{2.29}$$

und stellt die konstante Quantengeschwindigkeit im Lichtleiter der Länge ℓ bei einer Quantenlaufzeit t_0 dar.

Tab. 2.1 Definition und Applikation quantenoptischer Beiwerte

Definition	Applikation
$k_R = \frac{N_R}{M_R^2}$ (2.21)	$R = k_R \cdot r_Q \cdot f_0 t_0$ (2.22)
$k_G = \frac{N_G}{M_G^2}$ (2.23)	$G = k_G \cdot g_Q \cdot f_0 t_0$ (2.24)
$k_L = \frac{N_L}{M_L^2}$ (2.25)	$L = 2 \cdot k_L \cdot r_Q \cdot f_0 t_0^2$ (2.26)
$k_C = \frac{N_C}{M_C^2}$ (2.27)	$C = 2 \cdot k_C \cdot g_Q \cdot f_0 t_0^2$ (2.28)

Tab. 2.2 Quantendeterminierte Leitungskonstanten

Definition	Ergebnis
$R' = \frac{dR}{dx} = \frac{R}{\ell}$ (2.30)	$R' = k_R \cdot r_Q \cdot \frac{f_0}{v_0}$ (2.31)
$G' = \frac{dG}{dx} = \frac{G}{\ell}$ (2.32)	$G' = k_G \cdot g_Q \cdot \frac{f_0}{v_0}$ (2.33)
$L' = \frac{dL}{dx} = \frac{L}{\ell}$ (2.34)	$L' = 2 \cdot k_L \cdot r_Q \cdot \frac{f_0 t_0}{v_0}$ (2.35)
$C' = \frac{dC}{dx} = \frac{C}{\ell}$ (2.36)	$C' = 2 \cdot k_C \cdot g_Q \cdot \frac{f_0 t_0}{v_0}$ (2.37)

Die in Tab. 2.2 angegebenen Definitionen der Leitungskonstanten treffen nur für den praxisrelevanten Fall des homogenen Lichtquantenleiters zu.

2.4 Dimensionierungsbeispiel

- Quantenoptische Beiwerte und quantendeterminierte Leitungskonstanten

$$\text{Gegeben: } f_0 = 200 \text{ THz}; \; v_0 = 2 \cdot 10^5 \, \frac{\text{km}}{\text{s}}; \; r_Q = 25{,}817 \, \text{k}\Omega;$$

$$g_Q = 38{,}734 \, \mu\text{S}; \; t_0 = 5 \, \mu\text{s}; \; N_R = N_G = N_L = N_C = 1;$$

$$M_R = 211 \cdot 10^4; \; M_L = 453 \cdot 10^3; \; M_G = 206 \cdot 10^2;$$

$$M_C = 441 \cdot 10^1$$

$$\text{Gesucht: } k_R; \; R'; \; k_G; \; G'; \; k_L; \; L'; \; k_C; \; C'$$

Lösungen:

$$k_R = \frac{N_R}{M_R^2} = \frac{1}{\left(211 \cdot 10^4\right)^2} = 2{,}24 \cdot 10^{-13}$$

$$R' = k_R \cdot r_Q \cdot \frac{f_0}{v_0} = 2{,}24 \cdot 10^{-13} \cdot 25{,}817 \cdot 10^3 \cdot \frac{2 \cdot 10^{14}}{2 \cdot 10^5} \frac{\Omega}{\text{km}} = 5{,}8 \, \frac{\Omega}{\text{km}}$$

$$k_G = \frac{N_G}{M_G^2} = \frac{1}{\left(206 \cdot 10^2\right)^2} = 2{,}36 \cdot 10^{-9}$$

$$G' = k_G \cdot g_Q \cdot \frac{f_0}{v_0} = 2{,}36 \cdot 10^{-9} \cdot 38{,}734 \cdot 10^{-6} \cdot \frac{2 \cdot 10^{14}}{2 \cdot 10^5} \frac{\text{S}}{\text{km}} = 91{,}4 \, \frac{\mu\text{S}}{\text{km}}$$

$$k_L = \frac{N_L}{M_L^2} = \frac{1}{\left(453 \cdot 10^3\right)^2} = 4{,}87 \cdot 10^{-12}$$

$$L' = 2 \cdot k_L \cdot r_Q \cdot \frac{f_0 t_0}{v_0} = 2 \cdot 4{,}87 \cdot 10^{-12} \cdot 25{,}817 \cdot 10^3 \cdot \frac{2 \cdot 10^{14} \cdot 5 \cdot 10^{-6}}{2 \cdot 10^5} \frac{\text{H}}{\text{km}} = 1{,}3 \, \frac{\text{mH}}{\text{km}}$$

$$k_C = \frac{N_C}{M_C^2} = \frac{1}{\left(441 \cdot 10^1\right)^2} = 5{,}14 \cdot 10^{-8}$$

$$C' = 2 \cdot k_C \cdot g_Q \cdot \frac{f_0 t_0}{v_0} = 2 \cdot 5{,}14 \cdot 10^{-8} \cdot 38{,}734 \cdot 10^{-6} \cdot \frac{2 \cdot 10^{14} \cdot 5 \cdot 10^{-6}}{2 \cdot 10^5} \frac{F}{km} = 19{,}9 \frac{nF}{km}$$

- Diskussion

Man erhält moderate Werte für die quantenoptischen Beiwerte und die quanten-determinierten Leitungskonstanten dieses praxisrelevanten LQL.

Lichtwellenleiter 3

Hier wird Licht als elektromagnetische Welle aufgefasst und durch die Beziehungen von Einstein und Planck charakterisiert. Auf dieser Grundlage lassen sich mithilfe der Gleichungen zur Wellengeschwindigkeit, der Relaxationszeit, des Wellenwiderstandes und der angenommenen Verzerrungsfreiheit die wellenoptischen Darstellungen der Beiwerte herleiten. Durch Einsetzen dieser Beiwerte in die Gleichungen für die quantendeterminierten Leitungskonstanten, erhält man optionale Darstellungen für die Leitungs-Beläge des Lichtwellenleiter-Modells.

3.1 Leitungsmodell der Wellentheorie

Seit Einstein und Planck kennen wir die folgenden Zusammenhänge:

- Lichtgeschwindigkeit im Vakuum

$$c = \frac{1}{\sqrt{\varepsilon_0 \mu_0}} = 3 \cdot 10^5 \, \frac{\text{km}}{\text{s}} \tag{3.1}$$

mit $\varepsilon_0 = 8{,}8542 \cdot 10^{-12} \, \frac{\text{As}}{\text{Vm}}$ (absolute Dielektrizitätskonstante)
$\mu_0 = 4\pi \cdot 10^{-7} \, \frac{\text{Vs}}{\text{Am}}$ (Induktionskonstante)

- Geschwindigkeit im Lichtwellenleiter (LWL)

$$v_0 = \frac{c}{n} = 2 \cdot 10^5 \, \frac{\text{km}}{\text{s}} \tag{3.2}$$

mit $n = 1{,}5$ (optische Brechzahl)

- Laufzeit der Welle im LWL

$$t_0 = \frac{\ell}{v_0} = 5\,\mu s \tag{3.3}$$

mit $\ell = 1$ km (LWL-Länge)

- Freiraum-Wellenlänge

$$\lambda_0 = \frac{c}{f_0} = 1{,}5\,\mu m \tag{3.4}$$

mit $f_0 = 200$ THz (optische Trägerfrequenz)

- Wellenlänge im LWL

$$\lambda = \frac{\lambda_0}{n} = \frac{\lambda_0}{\sqrt{\varepsilon_r}} = 1\,\mu m \tag{3.5}$$

mit $\varepsilon_r = n^2 = (1{,}5)^2 = 2{,}25$ (relative Dielektrizitätskonstante)
Aus der Leitungstheorie elektrischer Leitungen wissen wir, dass gilt:

- Bezug der Leitungskonstanten zur Wellengeschwindigkeit

$$L'C' = \varepsilon\mu_0 \tag{3.6}$$

- Bezug der Leitungskonstanten zum Wellenwiderstand

$$\frac{L'}{C'} = \frac{\mu_0}{\varepsilon} = Z_W^2 \tag{3.7}$$

mit dem Wellenwiderstand Z_W des LWL,

- Bezug der Leitungskonstanten zur Relaxationszeit

$$\frac{C'}{G'} = \frac{\varepsilon}{\kappa} = \tau_0 \tag{3.8}$$

mit der elektrischen Leitfähigkeit κ und der Relaxationszeit τ_0 des LWL,

- Bezug der Leitungskonstanten zur Verzerrungsfreiheit

$$\frac{R'}{L'} = \frac{G'}{C'}. \tag{3.9}$$

Außerdem kennen wir die Dämpfungskoeffizienten in Neper (Np) oder Dezibel (dB), d. h.

$$\alpha_{Np} = G' \sqrt{\frac{L'}{C'}} = \kappa \cdot Z_W \qquad (3.10)$$

$$\alpha_{dB} = 8{,}686 \cdot \alpha_{Np} \qquad (3.11)$$

Das nachfolgende Beispiel dient der Information über die Größenordnung der elektrischen Leitfähigkeit praxistauglicher Lichtwellenleiter.

- Beispiel Leitfähigkeit eines LWL

Gegeben: $\alpha_{dB} = 0{,}2 \, \frac{dB}{km}$; $Z_W = 251{,}\bar{3} \, \Omega$

Gesucht: α_{Np}; κ

Lösungen:

$$\alpha_{Np} = \frac{0{,}2}{8{,}686} \, \frac{Np}{km} = 0{,}023 \, \frac{Np}{km}$$

$$\kappa = \frac{0{,}023}{251{,}\bar{3}} \, \frac{S}{km} = 91{,}5 \, \frac{\mu S}{km}$$

- Diskussion

Niedrige Dämpfungskoeffizienten gehen mit geringen Leitfähigkeiten der LWL einher.

3.2 Wellenoptische Beiwerte

Durch Einsetzen der quantendeterminierten Leitungskonstanten nach Tab. 2.2 in die Gl. 3.6 bis 3.9 erhält man das nachstehende Gleichungssystem für die wellenoptischen Beiwerte.

- Aus der Geschwindigkeit folgt

$$v_0 = \frac{1}{\sqrt{L'C'}} = \frac{1}{\sqrt{\varepsilon \mu_0}} = \frac{v_0}{2f_0 t_0 \sqrt{k_L k_C}} \; \rightarrow \; 4k_L k_C \left(\frac{\ell}{\lambda}\right)^2 = 1 \qquad (3.12)$$

- Aus der Relaxationszeit resultiert

$$\tau_0 = \frac{C'}{G'} = \frac{\varepsilon}{\kappa} = 2\frac{k_C}{k_G}t_0 \;\rightarrow\; 2\frac{k_C}{k_G} = \frac{1}{\kappa Z_W \ell} \tag{3.13}$$

- Aus dem Wellenwiderstand ergibt sich

$$Z_W = \sqrt{\frac{L'}{C'}} \;\rightarrow\; \frac{k_L}{k_C} = \left(\frac{Z_W}{r_Q}\right)^2 \tag{3.14}$$

- Aus der Verzerrungsfreiheit erhält man

$$\frac{R'}{L'} = \frac{G'}{C'} \;\rightarrow\; \frac{k_R}{k_L} = \frac{k_G}{k_C} \tag{3.15}$$

Die Lösung dieses Gleichungssystems für die wellenoptischen Beiwerte lautet:

$$k_R = \kappa \cdot \lambda \cdot g_Q \cdot Z_W^2 \tag{3.16}$$

$$k_G = \kappa \cdot \lambda \cdot r_Q \tag{3.17}$$

$$k_L = \frac{Z_W}{2 \cdot r_Q}\frac{\lambda}{\ell} \tag{3.18}$$

$$k_C = \frac{r_Q}{2 \cdot Z_W}\frac{\lambda}{\ell} \tag{3.19}$$

3.3 Wellendeterminierte Leitungskonstanten

Tab. 3.1 enthält die Ansätze und die Ergebnisse zu den wellendeterminierten Leitungskonstanten. Zur Ergebnisfindung werden die wellenoptischen Beiwerte in die Gleichungen für die quantendeterminierten Leitungskonstanten eingesetzt. Hierin stellt v_0 die Geschwindigkeit der Trägerwelle im LWL dar.

Diese Darstellungen der Leitungskonstanten sind also durch den Wellenwiderstand und die Wellengeschwindigkeit bzw. die elektrische Leitfähigkeit vollständig bestimmt.

Tab. 3.1 Wellendeterminierte Leitungskonstanten

Ansätze	Ergebnis
$$k_R = \kappa \,\frac{Z_W^2}{r_Q}\,\frac{v_0}{f_0}$$ $$\downarrow \qquad (3.20)$$ $$R' = k_R \cdot r_Q\,\frac{f_0}{v_0}$$	$$R' = \kappa \cdot Z_W^2 \quad (3.21)$$
$$k_G = \kappa \cdot r_Q\,\frac{v_0}{f_0}$$ $$\downarrow \qquad (3.22)$$ $$G' = k_G \cdot g_Q\,\frac{f_0}{v_0}$$	$$G' = \kappa \quad (3.23)$$
$$k_L = \frac{Z_W}{r_Q}\,\frac{1}{2 \cdot f_0 t_0}$$ $$\downarrow \qquad (3.24)$$ $$L' = k_L \cdot r_Q\,\frac{2 \cdot f_0 t_0}{v_0}$$	$$L' = \frac{Z_W}{v_0} \quad (3.25)$$
$$k_C = \frac{r_Q}{Z_W}\,\frac{1}{2 \cdot f_0 t_0}$$ $$\downarrow \qquad (3.26)$$ $$C' = k_C \cdot g_Q\,\frac{2 \cdot f_0 t_0}{v_0}$$	$$C' = \frac{1}{v_0 \cdot Z_W} \quad (3.27)$$

3.4 Applikationsbeispiel

- Wellenoptische Beiwerte und wellendeterminierte Leitungskonstanten

$$\text{Gegeben:}\ \kappa = 91{,}5\,\frac{\mu S}{km};\ \lambda = 1\,\mu m;\ v_0 = 2 \cdot 10^5\,\frac{km}{s};\ \ell = 1\,km$$

$$g_Q = 38{,}734\,\mu S;\ r_Q = 25{,}817\,k\Omega;\ Z_W = 251{,}\bar{3}\,\Omega$$

$$\text{Gesucht:}\ k_R;\ R';\ k_G;\ G';\ k_L;\ L';\ k_C;\ C'$$

Lösungen:

$$k_R = \kappa \cdot \lambda \cdot g_Q \cdot Z_W^2 = \frac{91{,}5 \cdot 10^{-6}}{10^3} \cdot 1 \cdot 10^{-6} \cdot 38{,}734 \cdot 10^{-6} \cdot \left(251{,}\overline{3}\right)^2 = 2{,}24 \cdot 10^{-13}$$

$$R' = \kappa \cdot Z_W^2 = 91{,}5 \cdot 10^{-6} \cdot \left(251{,}\overline{3}\right)^2 \frac{\Omega}{km} = 5{,}8 \frac{\Omega}{km}$$

$$k_G = \kappa \cdot \lambda \cdot r_Q = \frac{91{,}5 \cdot 10^{-6}}{10^3} \cdot 1 \cdot 10^{-6} \cdot 25{,}817 \cdot 10^3 = 2{,}36 \cdot 10^{-9}$$

$$G' = \kappa = 91{,}5 \frac{\mu S}{km}$$

$$k_L = \frac{Z_W}{2 \cdot r_Q} \cdot \frac{\lambda}{\ell} = \frac{251{,}\overline{3}}{2 \cdot 25{,}817 \cdot 10^3} \cdot \frac{10^{-6}}{10^3} = 4{,}87 \cdot 10^{-12}$$

$$L' = \frac{Z_W}{v_0} = \frac{251{,}\overline{3}}{2 \cdot 10^5} \frac{H}{km} = 1{,}3 \frac{mH}{km}$$

$$k_C = \frac{r_Q}{2 \cdot Z_W} \cdot \frac{\lambda}{\ell} = \frac{25{,}817 \cdot 10^3}{2 \cdot 251{,}\overline{3}} \cdot \frac{10^{-6}}{10^3} = 5{,}14 \cdot 10^{-8}$$

$$C' = \frac{1}{v_0 \cdot Z_W} = \frac{1}{2 \cdot 10^5 \cdot 251{,}\overline{3}} \frac{F}{km} = 19{,}9 \frac{nF}{km}$$

- Diskussion

Die Werte der quanten- und wellenoptischen Beiwerte sowie der quanten- und wellendeterminierten Leitungskonstanten stimmen, abgesehen von Rundungsfehlern, überein.

Berechnungsverfahren für Lichtleiter 4

Ausgehend von den Erhaltungssätzen zur Konstanz optischer Spannungen und Ströme werden nach der Herleitung einfacher Gleichungen für die materialdeterminierten Leitungskonstanten die Leitungsgleichungen für den verzerrungsfreien Lichtwellenleiter gelöst, diskutiert und durch korrigierte Lösungen für den Lichtquantenleiter ersetzt. Mit diesen Lösungen ergeben sich bei einem Dirac-Impuls am Eingang die Basisband-Impulsantworten am Ausgang des Lichtquantenleiters.

4.1   Erhaltungssätze

Zwischen einem elektrischen Strom und ebenso einer elektrischen Spannung und einer damit erzeugten optischen Leistung besteht Proportionalität. Ordnet man nun der optischen Leistung das Produkt optischer Strom mal optische Spannung zu, so muss wegen ihrer Proportionalität zum elektrischen Strom oder zur elektrischen Spannung die jeweils andere Größe, d. h. die optische Spannung oder der optische Strom längs des Lichtquantenleiters konstant bleiben. Das führt auf die zwei folgenden Erhaltungssätze.

- Erhaltung der Konstanz der optischen Spannung im Lichtquantenleiter

Am Ausgang des Lichtquantenleiters bleibt bei Strom-Ansteuerung die Konstanz der optischen Spannung, aus der Konstanz der optischen Eingangsspannung folgend, erhalten, d. h.

$$U'_s = \frac{hf_0}{e} = \text{const.} \rightarrow U'_e = \frac{hf_0}{e} = \text{const.} \tag{4.1}$$

- Beweis

Senderseitig gilt bei Strom-Ansteuerung

$$i'_s = \eta_s \cdot i_s = \eta_s \cdot e\frac{dm}{dt} \qquad (4.2)$$

$$hf_0 \frac{dn}{dt} = U'_s \cdot i'_s = U'_s \cdot \eta_s \cdot e\frac{dm}{dt} \qquad (4.3)$$

$$\frac{hf_0}{e} \int_0^{N_S} dn = U'_s \cdot \eta_s \int_0^{M_S} dm \qquad (4.4)$$

Man erhält die Zerlegung

- in den senderseitigen Quantenwirkungsgrad

$$\eta_s = \frac{\int_0^{N_S} dn}{\int_0^{M_S} dm} = \frac{N_S}{M_S} \qquad (4.5)$$

- und die optische Eingangsspannung

$$U'_s = \frac{hf_0}{e} = \text{const.} \qquad (4.6)$$

Empfängerseitig gilt bei Strom-Ansteuerung des Fotostromes

$$i_f = \eta_e \cdot i'_e = e\frac{dm}{dt} \qquad (4.7)$$

$$U'_e \cdot i'_e = hf_0 \frac{dn}{dt} \qquad (4.8)$$

$$U'_e \cdot \int_0^{M_e} dm = \frac{hf_0}{e} \cdot \eta_e \int_0^{N_e} dn \qquad (4.9)$$

Es ergibt sich die Zerlegung

- in den empfängerseitigen Quantenwirkungsgrad

$$\eta_e = \frac{\int_0^{M_e} dm}{\int_0^{N_e} dn} = \frac{M_e}{N_e} \tag{4.10}$$

- und die optische Ausgangsspannung

$$U'_e = \frac{hf_0}{e} = \text{const.} \tag{4.11}$$

q.e.d

Das nachfolgende Beispiel verdeutlicht die Größenordnung optischer Spannungen.

- Beispiel Optische Spannungen

Gegeben $f_0 = 200\ \text{THz};\ e = 1{,}6021 \cdot 10^{-19}\text{As};\ h = 6{,}6265 \cdot 10^{-34}\text{Ws}^2$

Gesucht $U'_s;\ U'_e$

Lösung $U'_s = U'_e = \frac{hf_0}{e} = \frac{6{,}6265 \cdot 10^{-34} \cdot 2 \cdot 10^{14}}{1{,}6021 \cdot 10^{-19}}\,V = 827\ \text{mV}$

Abb. 4.1 zeigt die Ersatzschaltungen zur Spannungs-Ansteuerung einer Laserdiode.

Darin wirkt die gewöhnliche Diode wie ein nichtlinearer Widerstand, dessen durchfließender Strom den optischen Eingangsstrom des nachgeschalteten Lichtquantenleiters ansteuert.

Abb. 4.2 zeigt die Stromquellen-Ersatzschaltung einer Fotodiode. In diesem Modell steuert der Fotostrom einer Stromquelle die Spannung einer gewöhnlichen Diode, wobei der äußere Strom der Fotodiode verschwindet. D. h. dieser nichtlineare aktive Zweipol wird im Leerlauf betrieben.

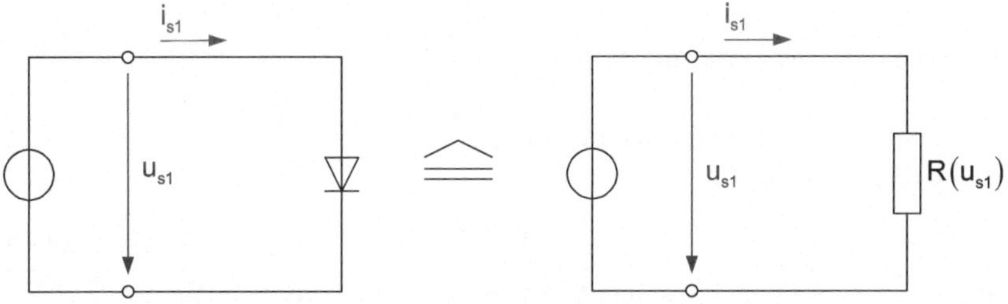

Abb. 4.1 Ersatzschaltungen zur Spannungs-Ansteuerung einer Laserdiode

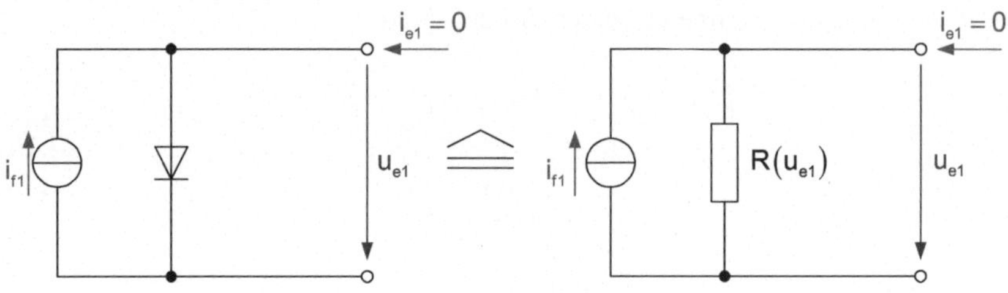

Abb. 4.2 Stromquellen-Ersatzschaltungen der Fotodiode

- **Erhaltung der Konstanz des optischen Stromes im Lichtquantenleiter**

Am Ausgang des Lichtquantenleiters bleibt bei Spannungs-Ansteuerung die
Konstanz des optischen Stromes, aus der Konstanz des optischen Eingangs-
stromes folgend, erhalten, d. h.

$$I'_s = ef_0 = \text{const.} \rightarrow I'_e = ef_0 = \text{const.} \tag{4.12}$$

- Beweis

Senderseitig gilt bei Spannungs-Ansteuerung

$$u'_s = \eta_s \cdot u_s = \eta_s \cdot \frac{h}{e} \cdot \frac{dm}{dt} \tag{4.13}$$

$$hf_0 \frac{dn}{dt} = I'_s \cdot u'_s = I'_s \cdot \eta_s \cdot \frac{h}{e} \cdot \frac{dm}{dt} \tag{4.14}$$

$$ef_0 \cdot \int_0^{N_S} dn = I'_s \cdot \eta_s \int_0^{M_S} dm \tag{4.15}$$

Man erhält hier die Zerlegung

- in den senderseitigen Quantenwirkungsgrad nach Gl. 4.5
- und den optischen Eingangsstrom

$$I'_s = ef_0 = \text{const.} \tag{4.16}$$

Empfängerseitig gilt bei Spannungs-Ansteuerung der Fotospannung

$$u_f = \eta_e \cdot u'_e = \frac{h}{e} \cdot \frac{dm}{dt} \qquad (4.17)$$

$$I'_e \cdot u'_e = hf_0 \frac{dn}{dt} \qquad (4.18)$$

$$I'_e \cdot \int_0^{M_e} dm = ef_0 \cdot \eta_e \int_0^{N_e} dn \qquad (4.19)$$

Schließlich ergibt sich die Zerlegung

- in den empfängerseitigen Quantenwirkungsgrad nach Gl. 4.10
- und den optischen Ausgangsstrom

$$I'_e = ef_0 = \text{const.} \qquad (4.20)$$

q.e.d.

Nachfolgend erhalten Sie eine Information zur typischen Größe optischer Ströme.

- Beispiel Optische Ströme

Gegeben $f_0 = 200\,\text{THz};\ e = 1{,}6021 \cdot 10^{-19}\text{As}$
Gesucht $I'_s;\ I'_e$
Lösung $I'_s = I'_e = ef_0 = 1{,}6021 \cdot 10^{-19} \cdot 2 \cdot 10^{14}\text{A} = 32\,\mu\text{A}$

Abb. 4.3 zeigt die Ersatzschaltungen zur Strom-Ansteuerung der Laserdiode. Darin wirkt die gewöhnliche Diode wie ein nichtlinearer Leitwert, dessen anliegende Spannung die optische Eingangsspannung eines nachgeschalteten Lichtquantenleiters ansteuert.

Abb. 4.4 zeigt die Spannungsquellen-Ersatzschaltung einer Fotodiode. In diesem Modell steuert die Fotospannung einer Spannungsquelle den Strom einer gewöhnlichen Diode, wobei die äußere Spannung der Fotodiode verschwindet. D. h. der vorliegende nichtlineare aktive Zweipol wird im Kurzschluss betrieben.

Für die zwei unterschiedlichen Betriebsfälle der Foto- oder Laserdiode gibt es Zusammenhänge zwischen elektrischen Spannungen und optischen Strömen und umgekehrt. Dazu lassen sich die folgenden Ohm'schen Quanten-Gesetze formulieren.

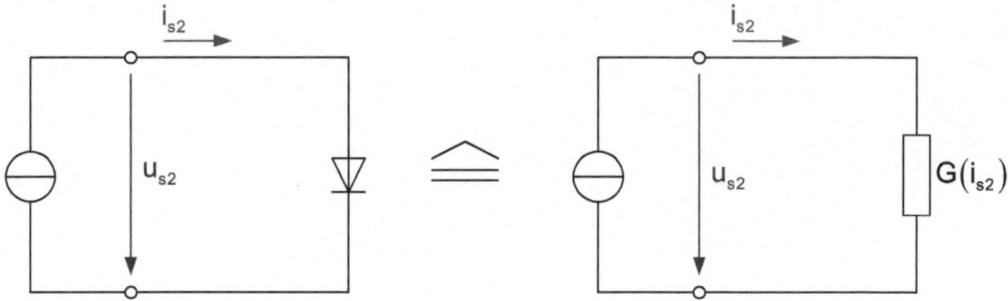

Abb. 4.3 Ersatzschaltungen zur Strom-Ansteuerung der Laserdiode

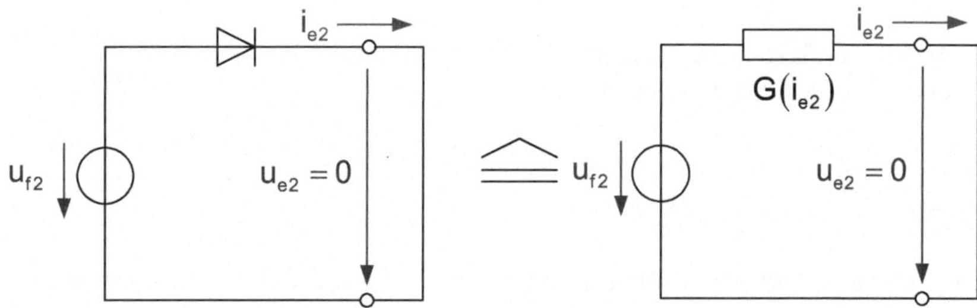

Abb. 4.4 Spannungsquellen-Ersatzschaltungen einer Fotodiode

- Ohm'sches Quanten-Gesetz an der Fotodiode

Die Gleichheit der gemischten optisch-elektrischen Leistungen bleibt erhalten, wenn das Ohm'sche Quanten-Gesetz

$$\frac{u_{f2}}{i_{f1}} = \frac{U'_{e1}}{I'_{e2}} = r_Q = \text{const.} \tag{4.21}$$

bei Wechsel der Ansteuerart der Fotodiode eingehalten wird.

- Beweis

$$u_{f2} \cdot I'_{e2} = U'_{e1} \cdot i_{f1} \tag{4.22}$$

$$\frac{u_{f2}}{i_{f1}} = \frac{U'_{e1}}{I'_{e2}} = \frac{\frac{hf_0}{e}}{ef_0} = \frac{h}{e^2} = r_Q = \text{const.} \tag{4.23}$$

q.e.d.

- Ohm'sches Quanten-Gesetz an der Laserdiode

Die Gleichheit der gemischten elektrisch-optischen Leistungen bleibt erhalten, wenn das Ohm'sche Quanten-Gesetz

$$\frac{u_{s2}}{i_{s1}} = \frac{U'_{s1}}{I'_{s2}} = r_Q = \text{const.} \tag{4.24}$$

bei Wechsel der Ansteuerart der Laserdiode eingehalten wird.

- Beweis

$$u_{s2} \cdot I'_{s2} = U'_{s1} \cdot i_{s1} \tag{4.25}$$

$$\frac{u_{s2}}{i_{s1}} = \frac{U'_{s1}}{I'_{s2}} = \frac{\frac{hf_0}{e}}{ef_0} = \frac{h}{e^2} = r_Q = \text{const.} \tag{4.26}$$

q.e.d.

Außerdem ergibt sich das Ohm'sche Quanten- Gesetz eines verzerrungsfreien Lichtquantenleiters.

- Ohm'sches Quanten-Gesetz des verzerrungsfreien Lichtquantenleiters

Bei Wechsel der Ansteuerart am verzerrungsfreien Lichtquantenleiter bleibt die übertragene optische Leistung erhalten, wenn für beide Betriebsfälle, gekennzeichnet mit 1 und 2, das folgende Ohm'sche Quanten-Gesetz eingehalten wird.

$$\frac{u'_2(\ell, t)}{i'_1(\ell, t)} = \frac{U'_1}{I'_2} = r_Q = \text{const.} \tag{4.27}$$

- Beweis

Durch Umformung von Gl. 4.27 erhält man

$$u'_2(\ell, t) \cdot I'_2 = U'_1 \cdot i'_1(\ell, t) \tag{4.28}$$

$$\left.\begin{array}{l} U'_1 = \frac{hf_0}{e} \\ I'_2 = ef_0 \end{array}\right\} \text{jeweils laut Erhaltungssatz} \tag{4.29}$$

$$\frac{u'_2(\ell, t)}{i'_1(\ell, t)} = \frac{U'_1}{I'_2} = \frac{\frac{hf_0}{e}}{ef_0} = \frac{h}{e^2} = r_Q = \text{const.} \tag{4.30}$$

q.e.d.

- Beispiel Wellenwiderstand eines verzerrungsfreien Lichtwellenleiters

Gegeben

$k_R = 2{,}24 \cdot 10^{-13}$; $k_G = 2{,}36 \cdot 10^{-9}$; $k_L = 4{,}87 \cdot 10^{-12}$; $k_C = 5{,}14 \cdot 10^{-8}$;

$R' = 5{,}8\,\frac{\Omega}{km}$; $G' = 91{,}5\,\frac{\mu S}{km}$; $L' = 1{,}3\,\frac{mH}{km}$; $C' = 19{,}9\,\frac{nF}{km}$;

$r_Q = 25{,}817\,k\Omega$

Gesucht Z_W als Vergleichsrechnung zum Quantenwiderstand

Lösungen $Z_W = \sqrt{\dfrac{k_R}{k_G}} \cdot r_Q = \sqrt{\dfrac{2{,}24 \cdot 10^{-13}}{2{,}36 \cdot 10^{-9}}} \cdot 25{,}817 \cdot 10^3\,\Omega = 251{,}5\,\Omega$

$$Z_W = \sqrt{\frac{k_L}{k_C}} \cdot r_Q = \sqrt{\frac{4{,}87 \cdot 10^{-12}}{5{,}14 \cdot 10^{-8}}} \cdot 25{,}817 \cdot 10^3\,\Omega = 251{,}3\,\Omega$$

$$Z_W = \sqrt{\frac{R'}{G'}} = \sqrt{\frac{5{,}8}{91{,}4 \cdot 10^{-6}}}\,\Omega = 251{,}9\,\Omega$$

$$Z_W = \sqrt{\frac{L'}{C'}} = \sqrt{\frac{1{,}3 \cdot 10^{-3}}{19{,}9 \cdot 10^{-9}}}\,\Omega = 255{,}6\,\Omega$$

- Diskussion

Wellen- und Quantenwiderstand gehören offenbar zu unterschiedlichen Modellen.

4.2   Materialdeterminierte Leitungskonstanten

Tab. 4.1 enthält einfache Gleichungen zu den materialdeterminierten Leitungs-konstanten eines schwach führenden homogenen Lichtleiters mit stufen-förmigem Brechzahlprofil. Dabei wird die Höhe der Brechzahl-Stufe an der Kern-Mantel-Grenze des Lichtleiters als verschwindend gering angenommen, sodass mit einer einheitlichen Brechzahl n für Kern und Mantel in

$$\varepsilon = n^2 \varepsilon_0 \tag{4.31}$$

gerechnet werden darf. In diesem praxisrelevanten Ansatz wirkt also der Lichtleiter wie ein in der Transversalebene unendlich weit ausgedehntes homogenes Medium.

Tab. 4.1 Material-determinierte Leitungs-konstanten

Bezeichnung	Symbolischer Wert
Widerstands-Belag	$R' = \kappa\frac{\mu_0}{\varepsilon}$ (4.32)
Ableitungs-Belag	$G' = \kappa$ (4.33)
Induktivitäts-Belag	$L' = \mu_0$ (4.34)
Kapazitäts-Belag	$C' = \varepsilon$ (4.35)

- Beispiel Materialdeterminierte Leitungskonstanten

Gegeben $\kappa = 91{,}5\,\frac{\mu S}{km}$; $n = 1{,}5$; $\varepsilon_0 = 8{,}8542 \cdot 10^{-12}\,\frac{As}{Vm}$; $\mu_0 = 4\pi \cdot 10^{-7}\,\frac{Vs}{Am}$

Gesucht R'; G'; L'; C' als Vergleichsrechnung zur Bestätigung ihrer Werte

Lösungen $R' = \kappa\frac{\mu_0}{\varepsilon} = 91{,}5 \cdot 10^{-6} \cdot \frac{4\pi \cdot 10^{-7}}{(1{,}5)^2 \cdot 8{,}8542 \cdot 10^{-12}}\,\frac{\Omega}{km} = 5{,}8\,\frac{\Omega}{km}$

$G' = \kappa = 91{,}5\,\frac{\mu S}{km}$

$L' = \mu_0 = 4\pi \cdot 10^{-7}\,\frac{Vs}{Am} = 1{,}3\,\frac{mH}{km}$

$C' = \varepsilon = (1{,}5)^2 \cdot 8{,}8542 \cdot 10^{-12}\,\frac{As}{Vm} = 19{,}9\,\frac{nF}{km}$

4.3 Impulsantworten im Basisband

Abb. 4.5 enthält das Ersatzschaltbild eines Leitungsstückes der Länge dx. Daraus gewinnt man die sogenannten Leitungsgleichungen als partielles DGL-System für die optische Spannung u′und den optischen Strom i′ zum Zeitpunkt t am Ort x im Lichtwellenleiter.

- Herleitung der Leitungsgleichungen

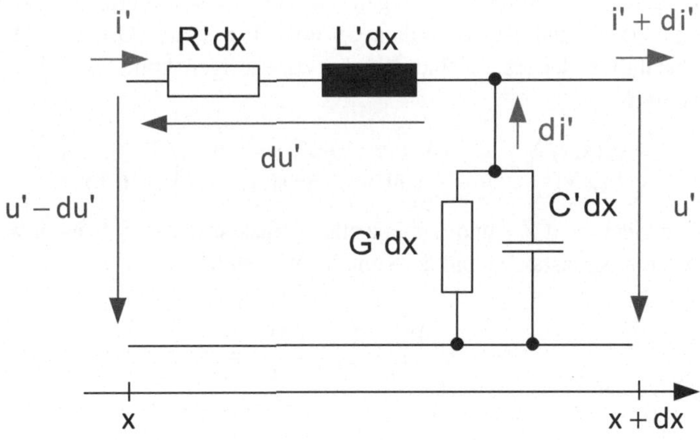

Abb. 4.5 Ersatzschaltbild eines Leitungsstückes

Aus Abb. 4.5 ergeben sich, zuzüglich der gekürzten totalen Differenziale von optischer Spannung und optischem Strom als Funktionen der unabhängigen Variablen x und t, die Gl. 4.36 und 4.37.

$$\mathrm{du}' = -\left(\mathrm{R}'\mathrm{i}' + \mathrm{L}'\frac{\partial \mathrm{i}'}{\partial \mathrm{t}}\right)\mathrm{dx} = \frac{\partial \mathrm{u}'}{\partial \mathrm{x}}\mathrm{dx} \tag{4.36}$$

$$\mathrm{di}' = -\left(\mathrm{G}'\mathrm{u}' + \mathrm{C}'\frac{\partial \mathrm{u}'}{\partial \mathrm{t}}\right)\mathrm{dx} = \frac{\partial \mathrm{i}'}{\partial \mathrm{x}}\mathrm{dx} \tag{4.37}$$

Daraus folgt das DGL-System der Leitungsgleichungen

$$\frac{\partial \mathrm{u}'}{\partial \mathrm{x}} = -\mathrm{R}'\mathrm{i}' - \mathrm{L}'\frac{\partial \mathrm{i}'}{\partial \mathrm{t}} \tag{4.38}$$

$$\frac{\partial \mathrm{i}'}{\partial \mathrm{x}} = -\mathrm{G}'\mathrm{u}' - \mathrm{C}'\frac{\partial \mathrm{u}'}{\partial \mathrm{t}} \tag{4.39}$$

Die Lösungen dieser partiellen Differenzialgleichungen (DGL) ermittelt man mit der zweidimensionalen Laplace-Transformation und anschließender eindimensionaler Rücktransformation in den Orts-Originalbereich.

• Lösungen der Leitungsgleichungen

Die Lösungen der Leitungsgleichungen für die Transformierten der optischen Spannung $\mathrm{U}'(\mathrm{x}, \mathrm{s})$ und des optischen Stromes $\mathrm{I}'(\mathrm{x}, \mathrm{s})$ am Ort x im Laplace-Bereich bezüglich der Zeit t sind mit der zugehörigen komplexen Frequenz s gegeben durch

$$\begin{pmatrix} \mathrm{U}'(\mathrm{x}, \mathrm{s}) \\ \mathrm{I}'(\mathrm{x}, \mathrm{s}) \end{pmatrix} = \begin{pmatrix} \cosh \gamma \mathrm{x} & -\mathrm{Z}_\mathrm{W}\sinh \gamma \mathrm{x} \\ -\frac{1}{\mathrm{Z}_\mathrm{W}}\sinh \gamma \mathrm{x} & \cosh \gamma \mathrm{x} \end{pmatrix} \begin{pmatrix} \mathrm{U}'(0, \mathrm{s}) \\ \mathrm{I}'(0, \mathrm{s}) \end{pmatrix} \tag{4.40}$$

Der Wellenwiderstand Z_W und der Fortpflanzungskoeffizient γ hängen wie folgt von den Leitungskonstanten und der komplexen Frequenz s ab.

$$\mathrm{Z}_\mathrm{W} = \sqrt{\frac{\mathrm{R}' + \mathrm{s}\mathrm{L}'}{\mathrm{G}' + \mathrm{s}\mathrm{C}'}} = \sqrt{\frac{\mathrm{L}'}{\mathrm{C}'}} = \mathrm{Z}_0 \tag{4.41}$$

$$\gamma\ell = \sqrt{(\mathrm{R}' + \mathrm{s}\mathrm{L}')(\mathrm{G}' + \mathrm{s}\mathrm{C}')}\,\ell = \sqrt{\mathrm{R}'\mathrm{G}'}\,\ell + \mathrm{s}\sqrt{\mathrm{L}'\mathrm{C}'}\,\ell = \alpha_0\ell + \mathrm{s}\mathrm{t}_0 \tag{4.42}$$

In Gl. 4.41 und 4.42 erhält man die rechts stehenden Ausdrücke für den verzerrungsfreien Lichtwellenleiter.

Somit gelten im verzerrungsfreien Fall für die optische Ausgangsspannung und den optischen Ausgangsstrom des LWL die Lösungen im Bildbereich nach Gl. 4.43.

$$\begin{pmatrix} U'(\ell, s) \\ I'(\ell, s) \end{pmatrix} = \begin{pmatrix} \cosh(a_0 + st_0) & -Z_0\sinh(a_0 + st_0) \\ -\frac{1}{Z_0}\sinh(a_0 + st_0) & \cosh(a_0 + st_0) \end{pmatrix} \begin{pmatrix} U'(0, s) \\ I'(0, s) \end{pmatrix} \quad (4.43)$$

In Gl. 4.43 stellt a_0 die minimale Dämpfung eines verzerrungsfreien Lichtwellenleiters dar. Dabei gilt

$$a_0 = \alpha_0 \ell \quad (4.44)$$

- Anpassung des verzerrungsfreien Lichtwellenleiters

Bei beidseitigem Abschluss des LWL mit seinem Wellenwiderstand Z_0 spricht man von Anpassung. Diesen Betriebsfall des LWL erreicht man durch eine Brechzahl-Angleichung sowohl an der Laser- als auch an der Fotodiode.

Dann gilt

$$U'(0, s) = Z_0 \cdot I'(0, s) \quad (4.45)$$

und

$$U'(\ell, s) = Z_0 \cdot I'(\ell, s) \quad (4.46)$$

sowie im verzerrungsfreiem Fall

$$U'(\ell, s) = K_L U'(0, s)e^{-st_0} \quad (4.47)$$

$$I'(\ell, s) = K_L I'(0, s)e^{-st_0} \quad (4.48)$$

mit

$$K_L = e^{-a_0} = e^{-\alpha_0 \ell} \quad (4.49)$$

Die Rücktransformation von Gl. 4.47 und 4.48 in den Originalbereich ergibt mit dem Zeitverschiebungssatz der Laplace-Transformation

$$u'_e(t) = u'(\ell, t) = K_L \cdot u'(0, t - t_0) = K_L \cdot u'_s(t - t_0) \quad (4.50)$$

$$i'_e(t) = i'(\ell, t) = K_L \cdot i'(0, t - t_0) = K_L \cdot i'_s(t - t_0) \quad (4.51)$$

Durch Rücktransformation von Gl. 4.45 und Einsetzen in Gl. 4.50 ergibt sich das folgende Gleichungspaar bei Strom-Ansteuerung.

$$\left.\begin{array}{l} u'_e(t) = K_L \cdot Z_0 \cdot i'_s(t - t_0) \\[2mm] i'_e(t) = K_L \cdot i'_s(t - t_0) \end{array}\right\} \text{ bei Strom-Ansteuerung des LWL} \qquad (4.52)$$

Bei Rücktransformation der Gl. 4.45 und Einsetzen in Gl. 4.51 ergibt sich das nachstehende Gleichungspaar bei Spannungs-Ansteuerung.

$$\left.\begin{array}{l} u'_e(t) = K_L \cdot u'_s(t - t_0) \\[2mm] i'_e(t) = \frac{K_L}{Z_0} \cdot u'_s(t - t_0) \end{array}\right\} \text{ bei Spannungs-Ansteuerung des LWL} \qquad (4.53)$$

- Diskussion

Während beim Quanten-Modell hinsichtlich der Übertragung einer optischen Leistung über den LQL entweder die optische Spannung oder der optische Strom konstant bleibt, erfolgt beim Wellen-Modell die durchgängige Übertragung zeitabhängiger optischer Spannungen und Ströme über den LWL. Dabei wird im ersten Fall die jeweilige zeitabhängige Größe von der Fotodiode detektiert. Im zweiten Fall empfängt die Fotodiode eine der beiden zeitabhängigen Größen. Die andere zeitabhängige Größe wird ignoriert. Beim Quanten-Modell ist die tragende Größe für Umrechnungen zwischen den Ansteuerarten der Quanten- und im Wellen-Modell der Wellenwiderstand.

Bei Berücksichtigung der Erhaltungssätze ist also eine Korrektur des LWL-Modells angesagt. Das führt zum nachfolgend dargestellten LQL-Modell.

- LQL- Modell

Zunächst gilt bei Strom-Ansteuerung des LQL nach Gl. 4.1 die Konstanz der optischen Spannung. Im Ersatzschaltbild eines Leitungsstückes nach Abb. 4.5 sind wegen

$$du' = 0 \qquad (4.54)$$

die Elemente R'dx und L'dx sozusagen kurzgeschlossen. Außerdem wirkt wegen Gl. 4.54 das Element C'dx wie ein Leerlauf. Das führt auf das Ersatzschaltbild nach Abb. 4.6 mit dem verbleibenden Schaltelement G'dx.

Gl. 4.38 gilt also nicht mehr, und Gl. 4.39 geht über in

$$\frac{\partial i'}{\partial x} = -G' \cdot U' = -\frac{G}{\ell} \cdot \frac{hf_0}{e} = -\kappa \cdot \frac{hf_0}{e} \qquad (4.55)$$

Daraus folgt

$$i'(x, t) = f(t) - G \cdot \frac{hf_0}{e} \cdot \frac{x}{\ell} \qquad (4.56)$$

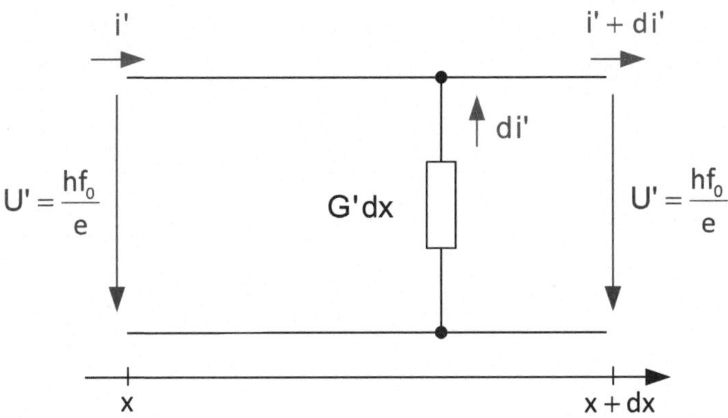

Abb. 4.6 Ersatzschaltung eines LQL- Stückes bei Strom- Ansteuerung

Mit der generatorseitigen Randbedingung erhalten wir aus

$$i'(0,t) = f(t) = i'_s(t) \tag{4.57}$$

für den LQL das Ausgangssignal

$$i'(\ell,t) = i'_e(t) = i'_s(t) - G \cdot \frac{hf_0}{e} \tag{4.58}$$

Bei Spannungs- Ansteuerung des LQL gilt nach Gl. 4.12 die Konstanz des optischen Stromes. Im Ersatzschaltbild des Leitungsstückes nach Abb. 4.5 sind wegen

$$di' = 0 \tag{4.59}$$

die Elemente $G'dx$ und $C'dx$ durch Leerläufe zu ersetzen. Außerdem wirkt wegen Gl. 4.59 das Schaltelement $L'dx$ wie ein Kurzschluss. Daraus folgt das Ersatzschaltbild nach Abb. 4.7.

Gl. 4.39 gilt jetzt nicht mehr, und Gl. 4.38 geht über in

$$\frac{\partial u'}{\partial x} = -R' \cdot I' = -\frac{R}{\ell} \cdot ef_0 = -\kappa \frac{\mu_0}{\varepsilon} \cdot ef_0 \tag{4.60}$$

Daraus ergibt sich

$$u'(x,t) = h(t) - R \cdot ef_0 \cdot \frac{x}{\ell} \tag{4.61}$$

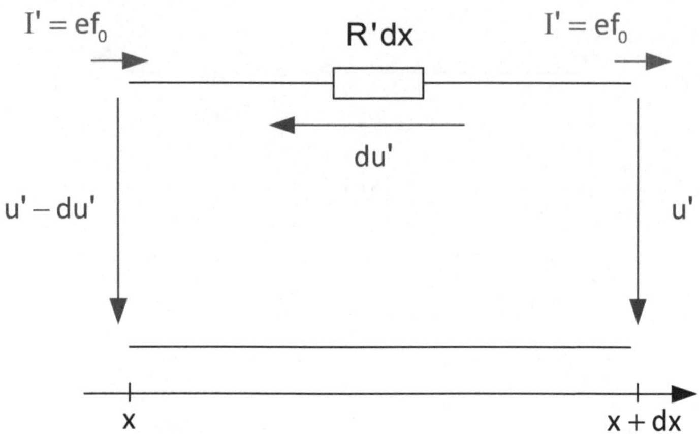

Abb. 4.7 Ersatzschaltung eines LQL- Stückes bei Spannungs- Ansteuerung

Generatorseitig gilt mit der Randbedingung

$$u'(0, t) = h(t) = u'_s(t) \qquad (4.62)$$

für den LQL am Ausgang

$$u'(\ell, t) = u'_e(t) = u'_s(t) - R \cdot ef_0 \qquad (4.63)$$

- Diskussion

Unter der Voraussetzung der idealen Leistungsmodulation in der Laserdiode ergeben sich also mit Lichtquantenleitern bei Einhaltung von Gl. 4.54 oder 4.59 ganz neue Möglichkeiten für eine schnelle Datenübertragung, wie Gl. 4.58 oder 4.63 zeigen.

Abschließend werden mit dem Faltungsintegral die Ausgangssignale des linearen zeitinvarianten LQL unter Verwendung der Basisband-Impulsantworten bei Spannungs- bzw. Strom- Ansteuerung ermittelt. Dadurch gewinnt man einen vertieften Einblick in die zu fordernden Eigenschaften für moderne Lichtquantenleiter.

- Basisband-Impulsantworten

Die Impulsantwort im Basisband erhält man bei Spannungs- Ansteuerung mit einem Dirac-Impuls als Eingangssignal aus

$$\begin{pmatrix} u'_s(t) \\ i'_s(t) \end{pmatrix} = \delta(t) \begin{pmatrix} 1 \\ 1 \end{pmatrix} \rightarrow \underline{g}_u(t) = \begin{pmatrix} 1 & -R \\ 0 & 1 \end{pmatrix} \delta(t) \qquad (4.64)$$

Für die Impulsantwort im Basisband ergibt sich bei Strom- Ansteuerung

$$\begin{pmatrix} u'_s(t) \\ i'_s(t) \end{pmatrix} = \delta(t) \begin{pmatrix} 1 \\ 1 \end{pmatrix} \rightarrow \underline{g}_i(t) = \begin{pmatrix} 1 & 0 \\ -G & 1 \end{pmatrix} \delta(t) \qquad (4.65)$$

- Faltungsintegral als systemtheoretischer Ansatz

Für den linearen zeitinvarianten Lichtquantenleiter gilt das Faltungsintegral sowohl bei Spannungs- Ansteuerung gemäß

$$\begin{pmatrix} u'_e(t) \\ i'_e(t) \end{pmatrix} = \int_{-\infty}^{\infty} \begin{pmatrix} 1 & -R \\ 0 & 1 \end{pmatrix} \begin{pmatrix} u'_s(t-\tau) \\ i'_s(t-\tau) \end{pmatrix} \delta(\tau) d\tau = \begin{pmatrix} 1 & -R \\ 0 & 1 \end{pmatrix} \begin{pmatrix} u'_s(t) \\ ef_0 \end{pmatrix} \qquad (4.66)$$

als auch bei Strom- Ansteuerung entsprechend

$$\begin{pmatrix} u'_e(t) \\ i'_e(t) \end{pmatrix} = \int_{-\infty}^{\infty} \begin{pmatrix} 1 & 0 \\ -G & 1 \end{pmatrix} \begin{pmatrix} u'_s(t-\tau) \\ i'_s(t-\tau) \end{pmatrix} \delta(\tau) d\tau = \begin{pmatrix} 1 & 0 \\ -G & 1 \end{pmatrix} \begin{pmatrix} \frac{hf_0}{e} \\ i'_s(t) \end{pmatrix} \qquad (4.67)$$

- Diskussion

Die rechten Seiten von Gl. 4.66 und 4.67 beschreiben die Pegel-Absenkung am Ausgang gegenüber dem steuernden Eingangssignal oder seine Zeitverzögerung um die Quantenlaufzeit bei Dreieck- bzw. Sägezahn-Impulsen am Eingang des LQL.

- Beispiel Impuls-Übertragung mit Lichtquantenleitern

Gegeben   a) $u'_s(t) = \begin{cases} k_u t & \text{für } 0 \le t \le t_0 \\ 0 & \text{sonst} \end{cases}$ b) $i'_s(t) = \begin{cases} k_i t & \text{für } 0 \le t \le t_0 \\ 0 & \text{sonst} \end{cases}$

entsprechend Abb. 4.8

Gesucht $\left.\begin{array}{l} \text{a) } u'_e(t) \\ \text{b) } i'_e(t) \end{array}\right\}$ analytisch und als Skizze

Lösungen

a) $u'_e(t) = u'_s(t) - R \cdot ef_0 = k_u t - k_R \dfrac{h}{e} f_0^2 \cdot t_0$

$k_u = k_R \dfrac{h}{e} f_0^2 \wedge u'_e(t) \geq 0 \; \rightarrow \; u'_e(t) = \begin{cases} k_u \cdot (t - t_0) & \text{für } t_0 \leq t \leq 2t_0 \\ 0 & \text{sonst} \end{cases}$

b) $i'_e(t) = i'_s(t) - G \cdot \dfrac{hf_0}{e} = k_i t - k_G ef_0^2 \cdot t_0$

$k_i = k_G ef_0^2 \wedge i'_e(t) \geq 0 \; \rightarrow \; i'_e(t) = \begin{cases} k_i \cdot (t - t_0) & \text{für } t_0 \leq t \leq 2t_0 \\ 0 & \text{sonst} \end{cases}$

Siehe auch Abb. 4.9.

Verallgemeinert gilt mit

$$t_u = \frac{k_R}{k_u} \frac{h}{e} f_0^2 \cdot t_0 \; \vee \; t_i = \frac{k_G}{k_i} ef_0^2 \cdot t_0$$

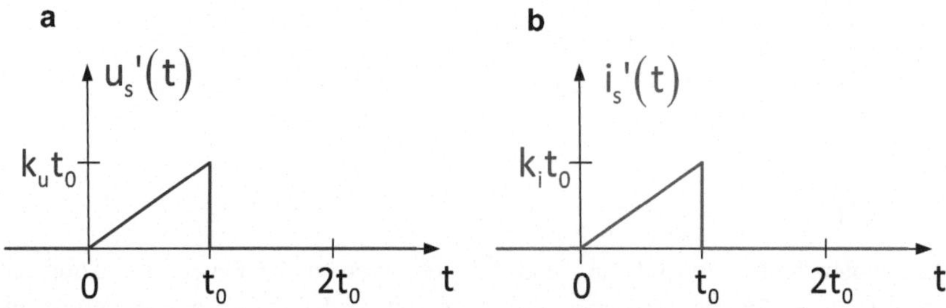

Abb. 4.8 Spannungs-Eingangsimpuls (**a**) und Strom-Eingangsimpuls (**b**) eines LQL

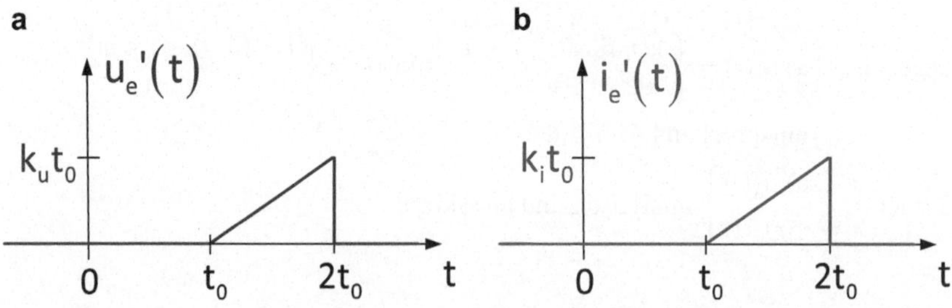

Abb. 4.9 Spannungs-Ausgangsimpuls (**a**) und Strom-Ausgangsimpuls (**b**) eines LQL

bei Spannungs- oder Strom- Ansteuerung des Lichtquantenleiters für die Ausgangs-
größen

$$\text{a)}\ u'_e(t) = \begin{cases} k_u \cdot (t - t_u) & \text{für}\ t_u \le t \le t_u + t_0 \\ 0 & \text{sonst} \end{cases}$$

$$\text{b)}\ i'_e(t) = \begin{cases} k_i \cdot (t - t_i) & \text{für}\ t_i \le t \le t_i + t_0 \\ 0 & \text{sonst} \end{cases}$$

Unter den angegebenen Voraussetzungen wirken also der LQL und ebenso
der LWL wie ein lineares, zeitinvariantes, kausales, stabiles und zugleich ver-
zerrungsfreies Übertragungssystem.

Dabei ist es falsch, wellentheoretische oder quantentheoretische Aspekte allein
bei der Modellfindung für den Lichtleiter zu berücksichtigen. Nur die Beachtung
des Welle-Korpuskel-Dualismus führt zu brauchbaren und gegenüber der fremden
Literatur vereinfachten Modellen. In dieser Hinsicht stellt also das gezeigte spezi-
fizierte Leitungsmodell für den Lichtquantenleiter einen brauchbaren Ansatz dar.

Zusammenfassung 5

Ausgehend vom Leitungsmodell eines Lichtleiters als Übertragungskanal in der optischen Nachrichtentechnik werden quanten-, wellen- und materialdeterminierte Gleichungen für die Leitungskonstanten hergeleitet.

Bei Applikation quanten- und wellenoptischer Beiwerte zeigt sich anhand von Beispielen, dass Wellen- und Quantentheorie den Dualismus von Welle und Korpuskel verkörpern und sich wechselseitig ergänzen.

Diese Zusammenhänge beweist man zweckmäßig sowie auf einfache Art und Weise am schwach führenden, homogenen Lichtleiter mit stufenförmigem Brechzahlprofil. Das führt auf extrem simple materialdeterminierte Leitungskonstanten, die in ihren Dimensionierungsgleichungen gewissermaßen ein in der Transversalebene unendlich weit ausgedehntes homogenes Medium repräsentieren. Aufgrund des Abklingverhaltens der transversalen Feldverteilung für große Radien kann das unendlich weit ausgedehnte homogene Medium praktisch auf eine endliche Dimension beschränkt werden.

Außerdem wird sowohl auf der Grundlage neu eingeführter Erhaltungssätze für optische Spannungen und Ströme, gemessen in elektrischen Dimensionen, als auch durch neue Ohm'sche Quantengesetze zur Ansteuerung von Laser- und Fotodiode sowie spezieller Lichtquantenleiter die Quanten-Theorie des Lichtes erweitert.

Als Applikation des Faltungsintegrals erfolgen mithilfe der Impulsantworten im Basisband spezielle Berechnungen zur Impuls-Übertragung in Lichtquantenleitern unter praxisrelevanten Bedingungen. Die dazu angenommene Verzerrungsfreiheit der Lichtquantenleiter kann heutzutage in guter Näherung durch den

© Der/die Herausgeber bzw. der/die Autor(en), exklusiv lizenziert durch Springer Fachmedien Wiesbaden GmbH, ein Teil von Springer Nature 2020
R. Thiele, *Lichtquanten- und Lichtwellenleiter,* essentials,
https://doi.org/10.1007/978-3-658-29947-7_5

Einsatz von Faser-Bragg-Gittern zur Kompensation der chromatischen Dispersion und faseroptischen Verstärkern zur Pegelanhebung erzwungen werden.

Die Details zu den hier geschilderten Sachverhalten finden Sie in den einzelnen Kapiteln.

Was Sie aus diesem *essential* mitnehmen können

- Übertragungsmodelle für Lichtquanten- und Lichtwellenleiter
- Berechnungsgrundlagen für Modellparameter
- Erhaltungssätze für optische Spannungen und Ströme
- Grundzusammenhänge der optischen Nachrichtentechnik

Weiterführende Literatur

Thiele, R.: Optische Nachrichtensysteme und Sensornetzwerke. Ein systemtheoretischer Zugang. Braunschweig: Vieweg (2002).
Thiele, R.: Optische Netzwerke. Ein feldtheoretischer Zugang. Wiesbaden: Vieweg (2008).
Thiele, R.: Transmittierender Faraday-Effekt-Stromsensor. Wiesbaden: Springer (2015).
Thiele, R.: Reflektierender Faraday-Effekt-Stromsensor. Wiesbaden: Springer (2015).
Thiele, R.: Design eines Faraday-Effekt-Stromsensors. Wiesbaden: Springer (2015).
Thiele, R.: Test eines Faraday-Effekt-Stromsensors. Wiesbaden: Springer (2015).
Thiele, R.: Stromsensor mit zirkularem Polarisator und Regelkreis. Wiesbaden: Springer (2017).
Thiele, R.: Effiziente Faraday-Effekt-Stromsensoren. Wiesbaden: Springer (2017).
Thiele, R.: Partielle Riccati-Differenzialgleichungen. Wiesbaden: Springer (2018).
Thiele, R.: Optische Signale und Systeme. Wiesbaden: Springer (2019).
Thiele, R.: Applikationen der Optoelektronik. Wiesbaden: Springer (2020).